# 재한 중국인을 통해 본 한국적 다문화주의 전개

## 구 화교, 신 화교, 조선족을 중심으로

# 재한 중국인을 통해 본 한국적 다문화주의 전개
## 구 화교, 신 화교, 조선족을 중심으로

초판1쇄발행  2015년  7월  31일
초판2쇄발행  2016년  7월  12일

지은이  김일권
발행인  윤석현
발행처  박문사
등  록  제2009-11호

주소  서울시 도봉구 우이천로 353 성주빌딩 3F
전화  (02) 992-3253 (대)
전송  (02) 991-1285
전자우편  bakmunsa@daum.net
홈페이지  http://www.jncbms.co.kr

책임편집  최현아

ISBN 978-89-98468-66-8 93300          정가 15,000원
· 저자 및 출판사의 허락 없이 이 책의 일부 또는 전부를 무단복제·전재·발췌할 수 없습니다.
· 잘못된 책은 바꿔 드립니다.

# 재한 중국인을 통해 본
# 한국적 다문화주의 전개

## 구 화교, 신 화교, 조선족을 중심으로

김일권 지음

박문사

## 들어가는 글

재한 중국인을 통해 본 한국적 다문화주의 전개

구 화교, 신 화교, 조선족을 중심으로

오늘날 세계는 정보 통신 및 교통 기술의 발달과 경제의 글로벌화로 인하여 국가 간의 장벽이 무너지면서 하나의 생활권을 형성해 가고 있다. 이러한 세계화를 추동하는 신자유주의가 주류 패러다임으로 굳혀지면서 민족국가의 경계를 넘나드는 대규모의 인구 이동을 촉발시켰으며, 탈영토화된 초국가적인 이주로 인하여 다양한 이주민 공동체들의 형성을 현저하게 증가시키고 있다. 2000년대 이후 한국 사회에서는 '다문화', '다문화주의'와 관련된 언표와 담론들이 가히 폭발적으로 증가했다. '다문화'라는 용어는 이미 사회 전반에 걸쳐 널리 사용되고 있으며, '다문화 사회', '다문화 가족', '다문화 교육'을 비롯해 '다문화 어린이', '다문화 장병' 등으로 외연이 넓어지면서 사회적 쟁점화와 더불어 사회 전반에 걸쳐 산발적으로 사용되고 있다. 이러한 현실적인 필요에 의해 급하게 차용된 다문화주의 담론은 2006년부터 본격적으로 정부의 국가 정책적 전유로 연결된다.

재한 중국인은 현재 한국 사회에서 새롭게 주목받고 추진 중인 다문화 사회 등 다문화 담론과 연관된 많은 의문점과 시사점을 가져다 줄 수 있는 중층적인 대상 집단이라는 의미를 가지며, 저자는 이러한 개인적인 재한 중국인에 대한 의미 부여를 시작으로 본 연구를 기획하게 되었다. 구 화교Old Overseas Chinese는 한국에서 가장 오래된 이주 집단이면서, 세대를 거치면서 한국에서 정주하고 있는 유일한 소수민족 집단이지만 정작 그들은 한국 정부의 다문화 정책 논의에서 배제되어 있다. 신 화교New Overseas Chinese는 현재 재한 외국인 구성 비율의 50% 가까이 차지하고 있어 국내 체류하는 외국인 집단 중 가장 큰 규모이며 인구학적으로 한국의 다문화 사회 형성의 가장 중층적인 집단이라고 할 수 있다. 특히 신 화교 중에서도 한국계 중국인이라고 불리는 중국 국적의 조선족Korean Chinese의 비중이 가장 크며 전체 외국인 인구의 약 34%를 차지한다. 이들 신 화교는 대부분 1992년 한·중 수교 이후 '외국인 노동자', '결혼 이주민', '외국인 유학생', '외국인 투자자' 신분으로 한국에 유입되어 기존의 구 화교의 '정주定住'라는 개념보다는 다양한 체류 목적으로 '장기 체류Long Term Sojourn'라는 거주 형태 특성을 보인다.

본 연구는 다인종·다민족·다문화 시대에 있어서 소수 이주민 계층에 대한 한국 사회의 정책적 변화에 대한 고찰을 '타자他者'의 입장에서 진행하며 방향성과 시사점을 제시하는데 연구의 목적을 두고자 했다. 결론적으로 본 연구는 '다문화주의'라는 이름으로 포괄되는 한국의 다문화 정책을 분석하여 한국적 다문화주의 전개에 대한 고찰을 진행했다. 재한 중국인이라는 정책 대상을 중심으로 현재 다문화 정책에 대한 연구분석을 통해 한국의 다문화주의는 다문화 집단의 수적 분포에 따른 것이 아니며, "다양한 인종과 민족의 평등하고 평화적인 공존" 또는 "인정의 정치Politics of Recognition"를 추구하는 다문화주의의 논의가 전제되어 있는 것도 아닌, 선택적인 포섭과 차별적 배제의 논리가 지배하고 있음을 결론적으로 도출했다. 또한 이상의 결과가 갖는 함의와 향후 연구 과제들을 함께 제시해 한국 사회의 '다문화주의' 관련 문제에 대한 성찰적이고 본격적인 논의의 필요성을 배가倍加했다.

2015년 7월
김일권

목차

# 제1장
# 서 론

# 1 연구의 필요성

　과거 근대 국가의 대부분은 단일민족이 하나의 국가를 구성하였으며, 이를 뒷받침하는 이론은 바로 '민족주의'였다. 동일한 혈통을 기반으로 하나의 민족이 하나의 국가를 이루는 것은 지극히 당연한 것이었다.[1] 하지만 오늘날 세계는 정보 통신 및 교통 기술의 발달과 경제의 글로벌화로 인하여 국가 간의 장벽이 무너지면서 하나의 생활권을 형성해 가고 있다. 이러한 세계화를 추동하는 신자유주의가 주류 패러다임으로 굳혀지면서 민족국가의 경계를 넘나드는 대규모의 인구 이동을 촉발시켰으며, 탈영토화된 초국가적 이주로 인하여 다양한 이주민 공동체들의 형성을 현저하게 증가시키고 있다. 이에 따라 단일민족국가는 사실상 존재하기 어렵게 됐으며, 더 이상 민족·종족과 국가의 계선을 동일시하기는 불가능하게 되었다. 이러한 세계적인 추세는 그동안 단일민족국가를 유지해 왔던 한국 사회에 있어서도 예외는 아니다.

한국 사회는 지난 20년간 외국인 국내 유입이 빠른 속도로 진행되고 있다. 1990년 약 5만 명 정도에 불과했던 국내 체류 외국인이 2014년 말 현재 179만 7,618명으로 증가하였다. 이러한 인구 규모는 한국 전체 인구 대비 3.50% 수준에 육박하고 있으며, 주요 선진국 비율인 10.3%보다는 낮은 비율이지만 개발도상국의 평균 수준인 1.5%[2]를 상회하고 있다. 하지만 이 통계는 귀화자를 제외한 것으로, 귀화자 10만 명을 포함한다면 전체 인구의 약 3.77%에 가까운 190만 명의 외국 출신 이주민이 한국에서 살고 있는 셈이다. 이러한 수치는 지난 20년간 약 25배로 아주 빠른 속도로 한국 체류 외국인 수가 증가하고 있음을 보여 준다. 이러한 민족적·혈통적·문화적으로 '이異 민족'이라는 새로운 집단인 외국인들의 유입은 한국 사회를 단일민족·단일문화사회로부터 다민족·다문화 사회로 전이시키고 있으며, 그러한 변모해 가는 과정에서 오랫동안 단일민족주의를 유지해온 한국 사회는 긍정적인 효과와 부작용들을 동시에 경험하고 있다. 즉, 외국인 노동력 유입으로 인한 경제성장 제고 효과와 함께 이질적 문화와의 공존이라는 새로운 과제가 사회적인 이슈로 부상하고 있는 것이다. 이러한 현재 한국 사회의 다문화 사회 진입은 사실 전 지구적 현상이며, 이미 일상화되어 가고 있다고 해도 과언은 아니다.

한국 사회는 그동안 세계적으로 유례를 찾아보기 힘들 정도로 비非이민 전통 국가로 분류되어 왔다. 혈통주의와 단일민족에 대한 강한 신념, 이를 근거로 국민 정체성을 구성하는 제도적 틀을 유지하면서 전, 근대적인 인종관·민족관에 머물러 있다는 비판을 줄곧 받아 왔다. 이러한 한국 사회가 이제는 내부적으로 늘어나고 있는 이주민들에 대해 정책적 주체가 되어 다문화주의에 대해 논하고 정책 수립·집행자로서의 역할을 감당해야 하는 상황에 놓이게 되었다. 민족적, 문화적으로 상이한 이주민을 완전한 사회구성원으로 받아들여 함께 살아가는 길을 찾는 것은 그리 쉽지 않은 험로가 될 가능성이 크다. 이러한 문제의식에 따라 최근 외국인 이주자의 권리도 인권 차원에서 보호되어야 한다는 주장이 사회 전반에 널리 받아들여지고 있으며, 정부에서도 다문화주의를 모토로 외국인 이주자를 포용하기 위한 다양한 정책을 마련하려는 노력을 하고 있다. 물론 이러한 정책적 노력이 수반되어야 함은 물론, '차별'이 아니라 '차이'를 존중하는 '인정의 정치Politics of Recognition'를 근간으로 다문화주의 시대에 걸맞은 새로운 국가적 인식의 체계를 정립해 나가야 할 시점이 되었다는 것을 인식해야 한다.

이런 노력에도 불구하고 한국에서 가장 오래된 이주민 집단이면서, 한국 내 유일한 소수민족이라고 할 수 있는 재한 화교[3]에 대한 관심과 조망은 극히 미미한 상태이며, 그들은 한국 정부가 진행하는 다문화 정책에서도 제외되어 있다. 화교는 기나긴 해외 이주의 역사를 갖고 있을 뿐만 아니라 오늘날 해외의 유대인, 인도인들과 함께 최대 규모의 디아스포라 집단으로 간주되고 있다. 2조 달러 이상의 자본을 움직이는 화교 디아스포라는 중국 경제 발전에 중요한 역할을 한 경제적 후원자였으며 시장 개척자였다.[4] 한국 출입국관리국의 통계에 의하면 현재 한국에 등록되어 있는 구舊 화교[5]의 수는 약 2만 735명으로 파악되고 있다. 130년의 이주 역사를 가진 재한 화교는 지금까지 한국 사회에서 영원한 이방인이며 언젠가는 떠나야 할 존재처럼 인식되어 왔던 것이 사실이다. 그도 그럴 것이 한국에 거주하는 화교들은 동남아 화교들에 비해 경제, 정치, 사회적 지위 및 규모 면에서 상대적으로 많이 위축되어 있는 특징을 보이고 있다. 이러한 배경에는 화교 사회에 대한 한국 사회의 법적·제도적 차별과 배제가 존재하고 있었기 때문으로 해석되고 있다.

물론 1992년 한·중 수교 이후 화교에 대한 차별과 배제가 많이 완화되었다고는 하나 완전히 청산되었다고 보기는 어려우며,[6] 오늘날에 이르기까지 화교들은 한국 사회에서 여전히 '외로운 이방인'의 존재, 소수자그룹Minority group[7]으로 살아가고 있다. 오늘날 다문화 사회 형성과 더불어 다인종·다민족·다문화 공생을 열어가는 한국 사회 입장에서 보면 화교와 같은 소수자 집단에 대한 인식 전환의 필요성, 그리고 소수자 집단과 함께 공생적 발전 환경을 개척해 나가야 할 새로운 국면을 맞이하게 된 것이다. 특히 중국과의 교역 규모가 급격하게 늘면서 이른바 신新 화교라고 할 수 있는 중국 대륙 본토 출신인 중국인[8]들의 한국 유입도 급격하게 늘어나고 있다. 한국 체류 중인 외국인 구성 비율에서 중국인이 절반 이상을 차지하는[9] 이 시점에 한국 화교에 대한 관심과 연구는 매우 중요한 의의를 지닌다고 사료된다. 특히 이러한 작업은 다민족·다문화 사회를 열어가는 한국 사회의 다문화주의 연구의 일차적인 작업이 될 것이라 기대한다.

궁극적으로 본 연구는 한국 화교가 현재 한국 사회에서 새롭게 주목받고 추진 중인 다문화 사회 등 다문화 담론과 연관된 많은 의문점과 시사점을 제공해 줄 수 있는 중층적인 대상 집단이라는 연구자의 개인적인 의미 부여로 이 글을 기획하게 되었다. 또한 다민족·다문화 시대에 있어 소수자 계층에 대한 한국 사회의 정책적 변화에 대한 고찰을 "타자"의 입장에서 진행하며 방향성과 시사점을 제시하는데 연구의 목적을 두고자 한다. 이러한 상황적 맥락 안에서 본 연구는 최종적으로 한국의 다문화주의 연구를 목적으로 한국의 다문화사회 형성과 다문화주의 담론, 한국 사회의 다문화 정책의 형성 및 관련 법규들을 순차적으로 검토하려 한다. 특히 다문화주의 지향을 목표로 대변되는 외국인을 대상으로 한 이민 정책, 그중에서도 화교 정책에 대한 탐색적 접근을 통해 다문화주의 시대 외국 이주민 소수자 정책의 포섭과 배제를 검토했으며 향후 한국의 다문화주의가 나아가야 할 방향을 제시하고자 했다.

# 주

1) 조현상, 「한국 다문화주의의 특징과 정책방향에 관한 연구」, 원광대학교 대학원 박사 학위논문, 2010, 1쪽.

2) UN DESA, Population Division, International Migration Database, 2009.

3) 양필승, 「한국 화교의 어제, 오늘 및 내일」, 『국제인권법』 3, 2000, 139~158쪽.

4) 임채완·박동훈, 「한국 화교의 역할과 발전 방향」, 『한국동북아논총』 11(4), 2006, 5~34쪽.

5) 여기서 말하는 화교는 타이완 국적을 가지고 있는 구 화교를 의미한다. 본 글에서 화교는 이러한 타이완 국적을 가지고 있는 구舊 화교와 한중 수교 이후 중국 본토에서 한국에 건너온 뒤 정착한 신新 화교로 나누어 구분한다.

6) 박경태·장수현, 「국내거주 화교 인권실태 조사: 2003년 인권상황 실태 조사 용역보고서」, 국가인권위원회, 2003, 14쪽.

7) 소수자 혹 소수민족으로 번역되는 마이너리티minority는 워스L.Wirth에 의해 처음 사용되었는데 형질적으로 또는 문화적 특징으로 인하여 그들이 속해있는 사회에서 타 집단에서 구별되고 불평등한 상황에서 생활하고 있기 때문에 스스로 집단적 차별의 대상이 되었다고 생각하는 사람들이라고 규정했다(이광규, 『民族과 國家 : 문화인류학 각록[III]』 서울: 일조각, 1997, 119쪽 재인용).

8) 신 화교는 1882년 한국에 정착한 130년의 이주역사를 가진 한국 화교로 불리는 구 화교와는 달리 1992년 한·중 수교 이후 유학, 파견근무, 투자, 취업 등으로 한국에 건너온 뒤 정착한 중국인을 말한다. 여기서 '중국인'이라는 말은 넓은 의미에서 중국 국적을 가진 한족과 소수민족을 모두 지칭하는 말로 종족을 초월한 국적 개념으로 사용된다. 물론 현재 좁은 의미에서는 한족만을 지칭하는 종족 개념으로 사용되기도 하지만 본 논문에서는 국적과 종족 개념을 혼합하여 중국계인 사람들 즉 한족, 한국계 중국인으로 불리 우는 조선족을 비롯하여 화교 등을 모두 포괄하는 광의적인 의미로서 '중국인'을 지칭한다.

9) 2014 출입국외국인 정책 통계연보 통계에 따르면 2014년 12월까지 체류 등록 외국인 총계 179만 7,618명 중 중국 국적자는 총 89만 8,654명(한국계 중국인 59만 856명), 타이완 3만 1,200명, 홍콩 1만 762명으로 전체 비율 52.3%가 중국계인 것으로 집계됐다.

# 2 선행 연구 검토

## 1 ▌ 한국의 다문화 관련 선행 연구

한국은 최근 들어 다양한 출신국에서의 인구 유입이 급속히 증가하고 있다. 사실 한국 사회에서 다문화주의 담론과 정책이 제시되기 시작한지 불과 몇 년 되지는 않았지만 '다문화'는 최근 한국 사회에서 가장 큰 이슈로 자리매김하고 있으며 사회적으로 다문화 담론이 확산되고 있다.[1] 이렇게 대중화된 '다문화'는 '다문화주의', '다문화 정책' 등 담론의 측면뿐만 아니라 '다문화 가족', '다문화 가족 자녀', '다문화 사회' 등 일상과 관련된 용어로까지도 빠르게 외연이 확장되면서 사회적 쟁점화와 더불어 사회 전반에 걸쳐 산발적으로 사용되고 있다. 현재 한국에서 이루어지고 있는 다문화 관련 연구들은 크게 두 가지로 나눌 수 있다. 하나는 다문화주의 이론에 대한 연구이고, 하나는 다문화 정책에 관련된 연구이다.

한국의 다문화주의에 대한 지금까지의 학계 연구 동향을 살펴보면 다음과 같다. 한국에서의 다문화주의에 대한 논의는 문학이나 철학 분야에서 처음 시작되었다고 볼 수 있다. 1990년대 중반 다문화주의는 세계화에 따른 다양한 외국문화가 유입되는 상황에서 서로 다른 문화와의 공존을 어떻게 이해하고 대응할 것인가에 대한 논의가 중심이었다.[2] 이러한 논의에서 문화다원주의 및 보편주의에 대한 이론적 이해와 서구의 제국주의적 유산을 극복하기 위한 대안으로 다문화주의의 역할에 대한 담론으로 자연스럽게 이어졌다. 본격적인 한국에서의 다문화주의에 대한 연구는 장기 체류 이주민들의 실태 조사 등에 관한 사회학적 연구에서 출발하였다고 할 수 있으며, 서구 선진국들의 다문화주의의 다양한 이론과 실제를 이론적으로 정리하고 국내에 소개하며 한국 사회에서의 적용 가능성을 타진하는 연구들이 그 뒤를 이어왔다. 그동안 다문화에 대한 연구들을 살펴보면 논의들이 주로 인류학, 사회학, 역사학 등 인문과학 분야[3]에서 논의되어 왔다고 할 수 있다. 최근에 와서는 다문화 정책 법규에 대한 연구와 다문화 교육 연구가 주류를 형성하고 있다. 특히 한국 사회의 새로운 사회적 현상인 다문화 가족에 대한 정책적 지원 문제와 다문화 가족 자녀 및 결혼 이주 여성들을 연구대상으로 한국 내 정착과 적응에 대한 연구가 거의 대부분을 이루며 정치학, 행정학, 여성학, 교육학 등 사회과학 분야[4]로 논의들이 확산되고 있다.

한국에서 다문화주의의 의미와 실천을 논의한 가장 종합적인 업적이라고 할 수 있는 서적으로는 오경석 등 안산의 '국경 없는 마을'을 중심으로 활동하는 활동가들이 펴낸 『한국에서의 다문화주의』[5]와 김혜순 등 사회학자들이 동북아시대위원회 용역 연구보고서로 펴낸 『한국적 다문화주의의 이론화』[6]일 것이다. 이 두 책은 다문화주의 논의를 한국적 맥락에서 심화하기 위해 이론적 측면에서 세계적인 논의의 흐름을 검토하고 한국의 현실에 맞는 다문화적인 실천 대안이 무엇인가를 모색하는 점에서 공통적인 시각을 갖고 있다. 하지만 두 책이 제시하는 다문화주의의 의미와 실천 방법은 매우 다르다.[7]

오경석 등은 책에서 현재의 다문화주의에 대한 논의가 세계적인 유행에 따라 한국적 맥락에 대한 고려도 없이 문화에 대해 강조함으로써 사회적 소수의 생존을 위협하는 상황에 대해 무지하다고 보고 있다. 즉, 다문화에 대한 주장이 끊임없이 쏟아져 나오고 있지만 그러한 다문화 사회의 주체 대상이라고 할 수 있는 이주민 집단들의 목소리는 찾아보기 힘들다고 분석하고 있다. 결국 오경석 등은 다문화주의의 구체적인 내용이 무엇이어야 하는가에 대해서는 다문화 정책의 가장 중요한 구성 주체인 이주자들이 참여하는 민주적인 공론의 장에서 결정되어야 한다고 주장하고 있다. 반면 김혜순 등은 포괄적이고 체계적인 전망이 미흡한 상태에서 다문화 현장의 요구에 따라 정책이 지원되는 것은 위험하고 비효율적이라고 보고 있다. 논의 또한 꼭 다문화주의가 무조건적인 해답이라는 주장은 아니라고 분석하며, 한국 사회가 지향해야 할 목표가 다문화 사회라는 것에는 일정 부분 동의하지만, 이런 지향점을 견인해 나갈 이념으로 지금 꼭 다문화주의를 채택해야 하는가에 대해서도 결론을 유보하고 있는 상황이다.[8]

또한 김남국(2005), 설한(2010), 장의관(2011) 등의 논문들도 다문화주의 이론에 관한 연구들로 서구의 자유주의적 다문화주의에 대한 비판적 고찰을 통해 한국 다문화 사회에서의 적용 가능성을 연구하며, 다문화주의를 중심으로 공동체주의와 자유주의에 관한 서구 이론들을 소개하는데 중점을 두고 있다. 이러한 이론적 연구 경향은 대부분 서구의 다문화주의에 대한 검토를 진행하면서 한국 사회에 적용이 가능한지를 탐색하고 있다는 측면에서는 큰 의의가 있다. 특히 장의관(2011) 연구의 경우 다문화주의 담론의 비판적 측면에 초점을 두고 있어 다문화주의를 무비판적으로 다루고 있는 것처럼 평가받는 한국의 다문화주의 담론에서 새로운 논의를 이끌어내며 풍부하게 했다는데 그 의의가 있다. 하지만 많은 이론적 분석들은 서구의 다문화 담론을 소개하고 분석하는데 초점을 두고 있어, 한국의 경우 적용 가능한 새로운 다문화주의 담론을 재편성하거나 추구하는지 못하고 있다는데 한계를 가진다.

직접적으로 한국의 다문화 사회와 관련하여 주도적으로 논의되고 있는 것으로는 다문화 정책을 다루는 연구들이다. 다문화 정책을 다룬 연구들은 특히 정책 지원 대상에 한정하여 연구를 진행하여 이주자들의 문화적 적응과 정체성을 다루고 있다. 최근의 연구 동향에서 가장 눈에 띄는 것으로 주요 정책 대상인 다문화 가족 및 결혼 이주여성과 다문화 가족 자녀에 대한 연구들이다. 조현상(2010)은 한국 다문화주의의 특징과 정책 방향에 대한 연구를 통하여 다음과 같은 결론을 도출하였다. 첫째, 현재 한국에서 다문화 정책이라 일컬어지는 몇몇 정책들은 다문화주의의 다양한 측면을 검토하고 '한국적' 특성을 반영하면서 만들어진 것이라고 보기 어렵다. 둘째, 외국인 유입 경로와 유입 이유, 거주 방식 등을 고려할 때 한국의 다문화 사회는 매우 특징적인 모습을 보여 주고 있다. 셋째, 단일 혈통주의를 강조하는 한국인의 사회적 성격에 비추어볼 때 다문화 사회 형성과 정체성은 다른 사회에 비해 매우 특이할 수밖에 없다. 넷째, 한국의 다문화 정책은 정책 대상 집단인 이주노동자와 결혼 이민자의 특성이 전혀 다름에도 불구하고 당위적이고 도덕적인 다문화주의를 무리하게 적용하고 있다.[9] 따라서 이를 바탕으로 미래의 다문화 사회 정책에 대한 차별적인 방안들이 연구되어야 한다고 분석한다.

윤동화(2009)는 다문화 가족 지원제도에 대한 연구를 통하여, 사회정책 지원제도 측면에서는 중앙정부 차원의 사회적 편견에 대한 법제도 개선되어야 하고, 한국문화 적응 프로그램을 제공하여야 하며, 미등록 가족들에 대한 출산도우미 지원과 국제결혼 알선 업체 규제, 그리고 다문화 가족 지원 프로그램을 활성화하여야 한다고 주장하였다.[10] 그리고 결혼 이민자 가족 지원 조례 제정 및 정책 지원 체계 구축이 필요하며, 결혼 이민자 가족 지원을 위한 중장기 종합 계획 수립이 필요하고, 결혼 이민자 가족 실태 조사 및 DB를 구축하여야 한다고 하였으며, 다문화 정책위원회 운영 및 관련 기관 간 협의체 구성이 요구된다고 밝혔다. 또한, 교육 정책 지원 제도의 개선 방안으로는 다문화 가족 자녀 교육을 위한 보육시설 필요, 다문화 가족 부모의 교육 역할 상정, 다문화 자녀를 위한 학교 설립 고려, 다문화 가족 자녀를 위한 방과 후 학교 프로그램 개설과 지원, 학교 홈페이지를 활용한 교육 자료 제공 및 대화 채널을 구축 등이 필요하다고 주장하였다.

황범주(2008)는 다문화 가족 자녀를 위한 교육 정책 연구를 통하여, 학교 내에 다문화 가족 자녀의 인권 보호 및 사회 통합을 위한 프로그램을 개설하여 일반 학생 및 일반 학생의 부모들에게 다문화에 관한 체계적이고 정확한 정보를 제공해 주어야 한다고 주장하였다. 또한, 다문화 가족 자녀의 교육소외 방지를 위해서 사회의 인식이 바뀌어야 하며, 민간단체를 통한 소극적인 지원에서 벗어나 교육과정에 다문화 교육 요소 반영, 교원들 대상 연수 실시, 다문화 가족 자녀들을 돕기 위한 또래상담자와 멘토의 활용 등 다양한 프로그램을 활용하면서 국가적 차원의 제도와 정책지원이 있어야 할 것이라고 보고하였다.[11] 아울러 현재 외국인 어머니를 대상으로 시행되고 있는 한국어 교육 프로그램이나 한국 문화 이해를 위한 교육 지원과 더불어, 국제결혼 가정의 한국인 남편을 대상으로 하는 교육 지원 연구가 필요하며, 정책 대상을 미취학 어린이부터 초·중·고등학생과 대학생으로, 다문화 가족 자녀로부터 다문화 가족 구성원 전체로 확대하는 포괄적 시각에서 정책을 추진하여 교육청이나 학교뿐만 아니라 지방자치단체, 시민단체, 대학, 기업, 언론 등과 협력해야 할 것이라고 보고하였다.

장준희(2009)는 다문화 가족 이주 여성에 대한 연구를 통하여,[12] 다문화 가족 이주 여성의 사회 문화에 대한 적응을 위해서는 이주 여성의 사회문화 적응 프로그램 개발이 요구되며, 결혼 중개 업체에 대한 정부의 규제 강화와 탈법적인 국제결혼 중개 행위 관리, 다문화 가족 이주 여성들을 위한 경제적 지원 대책, 다문화 가족 이주 여성의 문화적 정체성 유지 및 존중이 요구된다고 하였다. 또한 다문화 가족의 경제적 문제, 다문화 가족 여성의 취업 알선, 다문화 가족의 갈등을 감소시키기 위해 남편을 포함한 가족 단위의 접근이 필요하며, 체계적인 한국어 교육이 요구된다고 주장하였다.

서범석(2010)은 다문화 교육정책의 현황과 발전방향에 대한 탐색적 연구를 진행하였는데, 한국 다문화 사회의 지향점은 동화주의가 아닌 다문화주의가 타당함은 물론 수용가능성도 높으며, 점차적으로 결과의 평등을 지향하는 조합적 다문화주의로 나아가 인권 존중, 다문화 역량 강화 및 소수자 배려를 그 핵심으로 해야 한다고 주장하였다. 또한 순혈민족주의는 타파되어야 할 것이나 세계화, 다문화 사회화에 있어서도 민족주의는 폐기보다 자기 변용이 필요하다고 하였으며, 다문화 교육이라는 이름하에 가장 많이 실시되고 있는 한국어·문화교육은 다문화주의를 바탕으로 내실화하고 모두를 위한 교육으로 확대·전환하여야 하며, 인간존중과 민주시민 양성을 추구하는 교육과정으로의 전환과 다문화 역량 강화로 창의성을 함양하는 교육이 되어야 한다고 주장하였다.[13] 박희정(2010)은 학교 교육에서의 다문화 교육 활성화 방안에 대해서 연구를 진행하였다. 연구자는 학교에서의 다문화 교육 활성화 방안으로 학교 다문화 교육 지원 체계의 구축이 절실히 요구되며, 학교 다문화 교육 프로그램 개발과 보급, 각 학교의 실정에 맞는 맞춤형 다문화 교육이 필요하다고 보고하였다. 또한 총체적인 다문화 교육에 대한 평가 체제가 요구된다고 주장하고 있다.[14]

위의 선행 연구들에서 보는 바와 같이 현재 한국 내 다문화 관련 주제는 학술 연구의 주요한 주제가 되었다. 정치적인 철학에서 주로 논의되고 있는 이러한 선행 연구들은 다문화주의 이론을 소개하고 한국적 다문화주의를 모색하는데 그 의의가 있다고 할 수 있다. 하지만 이러한 선행 연구들은 다문화주의를 사회과학적인 차원에서 심층적으로 검토하려는 작업은 여전히 결핍되어 있다. 또한 다문화주의 및 다문화 정책의 직접적인 수혜 대상을 결혼 이주 여성과 그 가족 및 자녀로 한정하여 보고 있는 결과물이 대부분인 것으로 나타난다. 다문화 관련 사회적, 학문적 관심의 대상이 단순 결혼 이주 여성과 다문화 가정의 자녀에 편중되어 있는 연구 경향은 현재 한국 정부가 시행하고 있는 다문화 정책 부서나 시민단체, 공공기관들의 행정부서 명칭에서도 엿볼 수 있는 대목이기도 하다.[15] 이렇게 정책 대상을 제한하여 논의하는 것 또한 현재 한국 다문화주의 연구의 특징이라 할 수 있다.

본 연구에서는 다문화 정책 대상에 따른 정책 내용과 구조에 대한 분석과 함께 재한 중국인이라는 다문화 대상 집단에 대한 한국의 정책들을 살펴볼 것이다. 특히 영주권자로서 '구 화교'를 정책 대상으로 범주화하고 있음에도 불구하고 '구 화교'를 다문화 정책 지원 대상에서 제외하고 있는 등 문제점을 지적하며 기존의 연구와는 차별된 '재한 화교'라는 디아스포라 집단에 대한 다문화주의적 접근을 시도하고자 한다.


## 2 ▌재한 화교 관련 선행 연구[16]

현재 한국에서 관행적으로 '재한 화교'라고 불리는 구 화교는 본적은 중국 대륙, 국적은 타이완, 거주지는 한국[17]이라는 독특한 연구 주체 특성상 주로 일본, 타이완, 한국, 중국 등 지역을 중심으로 연구가 이루어져 왔다. 한국 화교가 이주에서 정착, 발전까지 다양한 국가 권력의 영향 아래 놓여 있었고, 또한 이 네 지역은 역사적, 정치적으로 밀접한 관계를 형성해 왔기 때문인 것으로 보인다. 따라서 이들 지역의 한국 화교 관련 연구는 정권이나 국체의 변화에 따라 다양한 이데올로기의 배경 속에서 이루어졌고 각각 다른 연구 결론을 도출해 낼 수 있었다.[18] 다만 그러한 연구들이 시대의 변화와 정세의 격변 속에 단속적으로 진행되어 왔고 상당 부분은 평면적이고 나열적인 연구에 그쳐 있는 게 사실이다. 하지만 그럼에도 이러한 관심과 연구는 현재와 미래의 한국 화교 연구자들에게 충분한 초석이 되어 줄 것이기에 비교사적 차원에서 정리해 볼 필요가 있다.

일본은 한국 화교에 대한 연구가 비교적 일찍 시작된 국가이다. 갑오전쟁(청일전쟁)으로 청나라가 조선이 완전한 자주 독립국임을 인정함에 따라 조선에 대한 일본의 국제적 위치를 확고하게 되면서 청淸이라는 강력한 정치적 후원을 등에 업고 경제적 세력을 확장하며 청상淸商으로 대변되었던 화교들은 큰 침체 위기를 맞는다. 하지만 조선과 청나라 간의 무역은 여전히 활발하였고 일본은 그러한 화교 집단을 경계하며 연구하기 시작했다. 시기별로는 주로 1905년부터 1945년 대한민국 수립 이전에 집중되어 있다. 그 당시 일본제국의 한국 화교 연구는 주로 한반도의 식민 통치를 강화하기 위한 정치적, 경제적, 사회적 목적에서 시작되었다. 대표적인 자료로는 『京城之支那人』, 『朝鮮部落調査報告(第1冊)-火田民, 來往之支那人』,[19] 『朝鮮に於ける支那人』,[20] 『朝鮮における支那人の經濟的勢力』[21] 등이 있으며 역사적인 의미가 있는 자료로는 1906년부터 1942년까지 조선통감부와 총독부에서 편집·출판한 『조선통감부통계연보朝鮮統監府統計年譜』와 『조선총독부통계연보朝鮮總督府統計年譜』로, 여기에는 중국인들의 출입국 현황, 한국 화교 인구 증감과 화교의 농업, 공업, 상업 등 경제 활동에 대하여 상세하게 기

록되어 있다.[22] 이러한 일본의 한국 화교에 대한 연구는 본격적인 학술 연구라기보다는 주로 거주 실태 조사 차원에서 이루어진 것으로 보인다.

식민지 시기 실태 조사를 중심으로 이루어졌던 일본의 한국 화교 연구는 1945년 일본의 패망으로 사실상 공백기를 거쳤다가 1990년 대 이후 다시 새롭게 관심을 기울이기 시작했다. 가세타니 도모오絕 谷智雄는 일본의 한국 화교 연구에서 가장 대표적인 인물이다. 그는「在 韓華僑の生活世界-在韓華僑エスニシテイの形成, 維持, 變化」[23]라는 글 에서 기존 연구와는 달리 한국 화교의 정착시기를 일본식민통치가 정점에 달했던 1920년대로 보고 있다. 또한 인구의 증가와 직업의 다양화는 한국 화교들의 사회 정주화定住化를 의미하며 스스로 정체 성을 이루며 한국 사회로의 동화를 보여 주는 근거로 한국인과의 결 혼과 귀화 등을 제시했다. 하지만 대부분의 화교들은 여전히 중국 국적을 유지하고 있으며, 소극적인 결혼과 적극적인 귀화의 방법을 선택한 점에서 볼 때, 이를 두고 한국 사회로의 동화가 이루어졌다 고 단정하기는 어려울 것 같다고 분석하고 있다.

중국 대륙에서의 화교 연구는 주로 화교·화인 기본현황, 정치, 경 제, 사회문화, 역사 및 인물에 대한 연구[24]들이다. 연구 대상별로는 동남아 지역 화교에 대한 연구가 주를 이루고 있고, 한반도 특히 한 국 화교에 대한 연구는 거의 전무한 상태라고 볼 수 있을 뿐만 아니 라 설령 있다 하더라도 극히 소략적인 수준을 벗어나지 못하고 있다. 특히 중국은 공산당 정권을 수립한 후 이데올로기의 대립으로 수십 년간 한국과의 외교관계가 단절되었기 때문에 연구가 이루어지지 않 았다. 그러나 1990년대 이후 점차 한국 화교에 대해 주목하기 시작했다. 이 시기 한국 화교 연구의 대표작이라 할 수 있는 저작으로는 양자오취앤杨昭全, 쑨위메이孫玉梅의 『조선화교사朝鮮華僑史』[25]가 유일하다. 이 책은 역사학적 연구방법론을 바탕으로 조선朝鮮[26] 화교의 발전사를 서술 분석하였다. 다만 이 책은 냉전적 이데올로기에 기초해 한반도 역사를 가름하며, 한반도의 현대사를 다루는 가운데 조선민주주의인민공화국을 정통성 있는 국가 정부로 간주하고 대한민국을 미국의 식민지 혹은 독재와 억압으로 점철된 정권으로 묘사하는 등 다분히 냉전적이고 부정적인 묘사로 일관하고 있다. 그럼에도 이 책이 가진 가장 큰 특징이라면 중국 대륙에서 사실상 한국 화교 관련 최초의 저작이라는 의미뿐만 아니라 남과 북으로 분단된 이후 북한에 거주하는 화교들에 대해 따로 기술함으로써 북한 화교에 대한 학계의 관심을 환기시켜 주었다는 점일 것이다. 최근에 와서 루이룽陸益龍의 『모자이크형 사회 적응방식-한국화교의 문화생활과 생활발식 변천嵌入性適應模式-韓國華僑文化與生活方式的變遷』[27]과 추이청센崔承現의 『한국화교사연구韓國華僑史研究』[28]가 그나마 한국 화교에 대한 연구 명맥을 이어가고 있다고 할 수 있는 대표적인 저작이다. 중국 대륙에서의 한국 화교 연구는 아직도 거의 초보적인 단계에 머물러 있다고 할 수 있으며 앞으로 한·중 관계의 심화 발전에 따라 더욱 많은 연구 성과들이 나올 것이다.

반면 타이완의 경우 한국 화교들의 국적이 중화민국[29]으로 되어 있기 때문에 자국 국민으로 여겨 1950년대부터 1980년대 말까지 한국 화교에 대한 상당한 연구를 진행해 왔다. 당시 한국은 타이완과 동일한 반공 진영에 속해 있고, 현대사적인 면에서도 매우 유사한 궤적을 밟고 있었기 때문에 한국 내 화교들로 하여금 중화민국에 대한 조국의식을 강제했다. 한국 화교들 또한 동아시아 냉전체제 속에서 생존을 위해 스스로 중화민국에 귀속되는 것을 원했기 때문에 쉽게 타이완은 한국 화교들로부터 정치적 지지를 획득하였고 중화인민공화국에 우위를 확보하고자 중국적 정통성과 반공이라는 냉전적 이데올로기를 강화하였다. 타이완 정부의 국가적인 정책 차원에서 출판된『한국화교 경제韓國華僑經濟』,[30] 『한국화교 교육韓國華僑敎育』,[31] 『화교지-한국華僑誌-韓國』[32] 등의 자료에서 한국 화교는 이민 집단이 아닌 해외 자국민으로 보고 있으며, 한국으로 귀화하지 않고 중국 문화 교육을 강조하는 한국 화교를 세계 화교의 본보기로 삼고 적극적인 지원을 아끼지 않았다. 이런 자료들은 대부분 일제 식민 당국의 조사 자료에 근거하고 있고 중화민국 정부 행정 산하의 교무위원회僑務委員會가 한국 화교의 상황을 파악하기 위해 출판한 것으로 단순 실태 조사를 바탕으로 한 국정보고서일 뿐이다. 이러한 인식은 중화민국 한국연구학회의 단행본인 『여한60년 견문록 : 한국사회旅韓60年見聞錄·韓國史話』[33]에서도 볼 수 있다.

장자오리張兆理의 『한국화교 교육총서韓國華僑敎育叢書』에서는 한국 정부가 화교의 교육, 경제, 사회생활 등 여러 면에서 보여 준 '자유'는 정책적으로 '방임'이라고 해야 마땅하다고 평가한다. 이러한 방임 정책이 결과적으로 한국경제가 빠른 속도로 성장하는 과정에서 실질적으로 정책 제외의 대상이 되면서 화교 사회가 침체의 상태에 빠진 것이라고 분석하고 있다. 따라서 80년대 타이완의 화교에 대한 연구는 이러한 화교 사회의 침체의 원인을 찾는데 집중하며 거의 대부분의 연구들이 그 원인을 한국 정부의 비공개적인 배화排華정책이라고 정리한다.

그러나 이후 1992년 8월 한국이 중국과 정식으로 수교함으로써 타이완과 한국의 외교관계는 단절되고, 국제적으로 고립노선을 취하면서 한국 화교에 대한 타이완 정부기관 주도의 연구는 사실상 중단되고, 학계에서도 한국 화교에 대한 연구는 거의 침체 상태로 겨우 몇 편의 석사학위논문 정도로 연구를 이어오고 있는 형편이다. 하지만 한국 화교는 중화민국, 즉 타이완에게 있어 다른 여타 지역의 화교·화인과는 구별되는 독특한 특징을 갖고 있다. 세계 대부분의 화교·화인 사회 화교들이 거주국의 국적을 취득한 채 거주국의 국민으로 살아가는 것과는 달리 한국 화교는 현재까지도 중화민국 국적을 유지하고 있는 전형적이면서도 진정한 의미에서의 화교 사회를 형성하며 한국에서 가장 오래된 다문화 소수민족 집단으로 살아가고 있다는 것이다.

이러한 화교의 오랜 이주역사에도 불구하고 한국 내 화교에 대한 연구는 단편적인 연구에 그쳐 1980년부터 2002년까지 통산 49편에 불과한 것으로 조사됐다.[34] 그것 또한 주로 1990년대 한·중 수교 이후에 와서야 다소 늘어나 크게 이주 역사, 경제, 정체성, 인권, 교육, 네트워크, 기업경영, 사회적 지위 등 제 분야에 대한 광범위한 연구가 부분적으로 이루어져 오고 있다. 이러한 화교에 대한 관심이 증대된 요인으로는 냉전체제의 와해와 세계화의 진전, 중국 경제의 급성장, 그리고 중국 및 동남아시아의 중국계 관광객의 급증 등으로 정리할 수 있다.

한국 화교의 이주, 정착 과정과 정체성에 관련된 연구를 살펴보면 다음과 같다. 우선, 한국 화교가 연구대상으로 처음 등장하게 된 것은 1963년 발표된 구효경, 김신자의 「한국 화교 실태」[35]라고 할 수 있지만 실질적인 연구를 시작한 것은 1972년 고승제의 「화교 對韓移民의 사회사적 분석」[36)]이 발표되면서부터라고 할 수 있다. 하지만 한국 화교를 학술 연구 대상으로 본격적인 궤도에 주목시켰다고 평가되는 한국 화교연구는 박은경의 논문 「태국, 인도네시아 및 한국 화교의 Ethnic Identity 문제」(1979)와 박사학위 논문인 「화교의 정착과 이동 : 한국의 경우」(1981), 그리고 그 박사논문을 보강한 단행본 『한국 화교의 種族性』(1986)이 가장 선구적 의미가 있다고 볼 수 있다.

박은경은 주로 화교의 이주와 정착에 대해서 연구를 진행하였는데, 한국의 화교에 대한 정책과 인식을 '차별과 배제의 역사'로 표현하고 이러한 화교 정책과 인식의 실태를 파악하였으며 이러한 정책과 인식이 한국 화교 사회에 어떠한 영향을 미쳐왔는지를 연구한 바 있다. 연구는 주로 다양한 자료와 통계, 참여관찰을 포함하고 있다. 논문의 결론을 살펴보면, 한국 정부의 대 화교 정책은 비동화非同化 정책으로 경제 면에서는 차별적이어서 화교가 한국 사회에 섞이기 어렵게 하고, 교육 면에서 온건하여 화교로 하여금 중국 교육에 전념할 수 있게 함으로써 한국 사회에 동화될 수 없게 만들고 있다고 하였다. 또한, 한국 화교는 전통적 문화 형태를 고수함으로써 종족 집단을 형성하는 것이 아니라 화교협회의 회원으로 항상 협회와 유대를 갖게 되고, 교육을 통해 중국 종족성을 강조하게 되어 중국인의 정체성을 고수하였다고 분석하였다. 그리고 화교들은 한국인의 소득 수준이 향상되어 가는 과정에서 오히려 몰락하여 타국으로 이동하게 되었으며, 한국 화교들은 이동을 통해 종족의 정체성을 고수하는 선택을 하였다고 분석하고 있다.[37)]

김기홍(1996)의 연구 역시 종족성의 개념에서 출발하여 변화하고 있는 한국 화교들의 한국 사회에 대한 적응 유형을 살펴보는 것에 주력하여 큰 의미를 가진다. 이 논문은 1세대, 2세대, 3세대를 거쳐 온 한국 화교 사회의 인적 구성에 주목한 것과 직접적인 심층 인터뷰를 통해 화교를 행위자로 분석했다는데 큰 의미를 갖는다. 다만 개인들의 문제에 귀착하여 화교의 일상에서 일어나는 일들이 주류 사회와 소수자 그룹 사이에서 일어나는 하나의 문제로 여김으로써 한국 사회뿐만 아니라 화교 사회 내부의 다양한 인식 및 사회적 관계를 포착하지 못한 점과 다양한 삶의 경로를 갖는 화교 사회의 현실을 동화 및 이화 문제로 단순화한 것은 이 논문이 가지는 한계라고 할 수 있다.[38]

임채완·박동훈(2006)은 한국 화교 사회의 실태를 디아스포라적 관점에서 특성을 고찰한 후 화교 사회를 발전시키기 위한 방안으로서 화교의 사회적 지위 향상, 화교 전문 인력의 활용, 화교 공동체에 대한 지원 등 개선방안들을 실제적으로 도출하여 강구되어야 할 것이라고 분석하였다.[39] 사보혜(2009)는 만보산萬寶山 사건에 대한 고찰을 통하여 화교 배척 사례에 대한 연구를 진행하였는데, 1920~1930년대 동아일보 기사들의 내용을 분석함으로써 만보산 사건과 화교 배척 사건뿐만 아니라 한인 사회와 화교 사회의 성립과 갈등에 대한 연구 결과를 보고하였다.[40]

다음으로 한국 화교에 대한 정책적인 문제를 연구한 사례들이다.

이종우(2008)는 한국 화교의 현지화 과정에 대해서 연구를 진행하였다. 연구 결과에 의하면, 화교를 한국 사회의 당당한 구성원으로 인식하고 다가오는 다문화 사회를 준비하기 위해서는 화교의 현지화를 촉진하기 위한 구체적인 정책적 배려가 필요하다고 하였는데, 귀화 절차의 간소화, 사회 안전망의 확대, 외국인등록번호 제도의 개선의 필요성을 역설하였다.[41]

곽영초(2007)는 한국의 화교 정책과 한국 화교의 사회적 적응에 대한 연구를 실시하였는데, 초국가주의 시대에 한국 정부가 화교들을 사회 내로 통합하고 화교들이 한국과 중국 양국 간의 조화를 도모해야 한다고 하였다. 또한, 더 나아가 한국의 경제 발전에 화교 네트워크를 활용하기 위해서 한국 내 화교들을 한국 사회의 진정한 구성원으로 수용하며 적극적으로 이들을 지원하는 것이 필요하다고 하였다.[42] 한편, 이형석(2006)은 중국 정부의 화교 정책에 대한 연구를 진행하였는데 중국의 화교 정책은 현지화 작업을 추진하면서도 중화민족의 민족성을 고양시키기 위한 노력을 경주하고 있다고 분석하였다.[43] 화교들의 현지화 수준을 높이기 위하여 과감하게 이중국적 제도를 폐지하고 단일 국적제도를 강화시키는 등 〈국적법〉을 정비하였고, 중국 민족의 현지화 수준을 높이는 정책을 시행함과 동시에 화교들의 중화의식의 고양과 발전을 위한 노력을 꾸준히 시행하고 있다고 볼 수 있다. 중국의 화교 정책은 정치·경제뿐만 아니라 문화 및 외교에 이르는 다차원적 시각에서 해외동포 정책에 대한 관심을 보이고 있는데, 특히 경제발전을 중심으로 화교의 자본과 경제·과학기술 인재 유치에 노력하고 있다고 분석하였다.

양필승(2000)은 1880년대 이후의 시기별 화교 정책과 화교의 이주·정착 실태를 고찰하고 차후 화교 정책 방향에 대해 논하였다.[44] 영정 미유기(2004)는 한국과 일본의 화교 사회의 화교 정체성 형성에 관한 비교 연구를 통하여[45] 한국과 일본 화교 집단의 정체성을 형성하는데 가장 큰 비율을 차지한 것은 화교 자체 내부적 구조였다고 보고하였다. 결론적으로 내부적 구조에 차이를 초래한 것이 바로 화교 집단 구성원의 배경이었는데, 동질성이 강한 한국 화교는 한화 韓華라는 새로운 집단 정체성을 형성하였으며, 다양성이 강한 일본 화교는 각자가 개인적인 정체성을 가지게 되었다고 보고하였다. 한국 화교의 인권 실태에 대한 연구로, 장수현(2001)은 주로 인권적 차원에서 화교 문제를 접근하면서 한국 화교들이 피동적인 대상이나 수단으로만 받아들여지고 있는 상황을 극복하고 한국 화교가 한국을 제2의 고향으로 여길 수 있도록 화교의 사회적 및 법적 지위 보장 문제를 개선하여야 한다고 주장하였다.[46]

박경태·장수현(2003) 또한 한국 거주 화교에 대한 설문조사 및 심층 인터뷰를 바탕으로 정부에 대해 화교의 인권을 개선하기 위한 복지·교육·생활·연금 등 제 방면의 제도 개선을 권고하고 있다.[47] 비슷한 시기 설동훈·박경태·이란주(2004)는 외국인 관련 국가인권정책 기본 계획 수립을 위한 연구에서 화교의 인권 현황과 문제점을 사회복지, 연금, 체류, 직업, 교육 등 여러 면으로 실태 조사와 분석을 진행했다.[48]

또한 한국 내 화교의 거주 지역을 중심으로 진행한 연구들이 다수 보고되었다.

이재정(1993)은 인천 지역의 화교 거주지에 대한 연구를 진행하였는데,[49] 화교 이주의 역사적 배경과 이주의 원인을 고찰하고, 인천 지역 화교 거주의 변화 과정을 연대별로 분석 정리하여 보고하였다. 박현옥·박정동(2003)은 인천 화교의 역사를 비롯하여 화교 정책, 인천 화교의 경제 활동, 교육, 사회적 지위 및 법적 지위의 실태 등을 폭넓게 조사하였으며,[50] 문미라(2009)는 제주 지역 화교의 정착 과정에 그들의 사회적 위상에 대한 연구를 하였다.[51] 연구자는 제주도 화교의 정착 시기를 1920년대 제주도에 경제적 이유로 입도한 화교들과 1950년 8월 양낙산 일가의 피난선 해상호 입도시기로 나누어 살펴보았다. 류제헌(2006)은 인천의 개항 이후 1992년까지 100여 년 동안 인천 중구 차이나타운을 중심으로 화교가 발달해 온 과정을 소·중·대규모의 공간적 차원에서 분석하였으며,[52] 이윤희(2004)는 인천에 거주하고 있는 화교의 역사적 배경, 인구학적 현황과 아울러 인권 실태와 공동체적 특성 및 정체성에 대해 논의하였다.[53]

인닝(2008)은 중국인이라는 타자의 입장에서 한국 부산지역 화교들에 대한 설문 조사를 통하여 재한 화교들의 정체성에 대한 연구를 진행하였다. 통계분석 결과에 따르면, 한국 화교들은 높은 종족의 긍지감을 가지고 있으며, 중화민족으로서의 정체성과 의식을 강하게 나타내고 있다고 하였다. 또한, 민족 정체성의 민족 특성인 언어, 문화 등의 측면에서는 중화민족으로서의 특성이 강하게 보이고 있으며, '중국인'으로서 민족문화를 잘 보존하고 있다고 하였다. 그리고 부산 화교들은 문화와 언어 등 민족적 특성에서 중국이나 타이완 어느 한편에도 치우치지 않으며, 그들 자신들만의 특징을 보유하고 있으며, 한국 사회에 대해 강한 지향성을 보이고 있다고 분석하였다.[54]

한국 화교에 대한 연구들은 그동안 여러 분과分科 학문들에서 다양한 주제와 분야로 연구되어 왔다. 그동안의 한국 화교에 대한 대다수 연구 논문들을 살펴보면 주로 한국 화교를 자아自我와 타자로 규정하고 그들에게 동화와 이화 중에 선택을 강요하는 흐름이 연구의 주류를 차지한 것으로 보인다. 이런 연구들에도 불구하고 연구자가 재한 화교에 대한 연구와 담론이 불모지에 가깝다고 앞에서 말했던 이유는 실제로 화교를 대상으로 이루어진 학술 연구는 위의 것들이 대부분이며, 이것들은 거의 대부분 학위논문들인 관계로 이론과 창의성에 기초한 높은 수준의 학술성을 갖추었다고 할 수 없고 한국 사회 전반에 한국 화교의 역사와 현실을 알리는 데는 다소 부적합했기 때문이다.

특히 화교 관련된 한국 내 대중적인 출판물들은 대개 세계 화교의 기업경영과 경제적 잠재력에 관한 것이 대부분이며, 정부의 출판물들도 국제적인 화상華商 투자 유치 및 대응이라는 다분히 경제적인 측면에서의 해외 화교들을 접근하는 것으로 화교경제력을 한국 내로 유입하려는 현실적인 목적에 초점이 맞추어져 제한적으로 진행되어 왔다. 오히려 TV나 신문과 같은 대중매체에서는 간간이 화교 특집을 통해서 화교의 인권 문제를 사회에 소개해 왔다.

KBS 인간극장 〈화교 3대〉(2001), 스페셜 〈차이나타운의 꿈 - 대구 화교 축제 72시간〉(2008), MBC 스페셜 〈화교-작은 사회의 이야기〉(1996), 〈한국 화교 100년 이웃의 두 얼굴〉(1999), SBS TV스페셜 〈짜장면의 진실〉(2009) 등의 프로그램이 바로 130여 년의 역사를 갖는 한국 화교들의 존재를 알린 프로그램이다. 이러한 TV프로그램들은 한국에서 세대를 이어오면서 정착 거주하여 살고 있는 화교들도 보통의 한국 사람들처럼 한국에 거주하여 살아가는 이웃과 별반 다르지 않다는 것을 보여 주었다.

이상에서 살펴본 바와 같이 그동안의 한국 화교에 대한 연구들을 정리해 보면 화교에 대한 공통적으로 동의하는 것들이 명확하다. 첫째는 한국 사회 내 에스닉 아이덴티티Ethnic Identity 집단 - 화교의 존재라는 것과 둘째는 이러한 아이덴티티 집단인 화교가 한국 사회 속의 소수자 그룹으로 억압과 차별을 받아왔다는 것이다. 이러한 연구 결과는 항상 소수자들에 대한 지위 향상을 강조하는 분석의 틀을 깨지 못하고 있으며 거기에 한정되어 있다. 또한 그동안 한국 화교에 관련된 연구는 주로 한반도에 영구적 삶의 기반을 마련한 구 화교에 제한되어 있고 1992년 한·중 수교 이후, 유학, 결혼, 취업, 사업 등의 다양한 목적으로 한국에 이주, 정착하여 체류하는 신 화교에 대한 연구는 거의 없는 상황이다. 더욱이 본 연구에서 시도하고자 하는 것처럼 다문화 정책에 대한 검토를 통해 한국의 화교 집단에 대한 정책을 검토한 연구는 더욱 찾아보기 어렵다. 최근 '다문화주의', '다문화 가족', '다문화 교육' 등 다문화와 관계된 담론들이 시민사회, 학계, 그리고 공공 부문에 상관없이 펼쳐지고 있음에도 가장 오래된 이주민집단이며, 한국의 다문화 사회 형성에 가장 큰 기여를 한 한국 화교에 대한 연구와 고찰은 배제되어 있다.

물론 다문화 정책이 다문화주의라는 이념적 취지보다는 사회 현실의 여러 가지 사정을 감안해 추진되기 때문에 정책만으로는 현실과 이념이 많은 격차를 보여 주고 있다. 때문에 본 연구는 다문화 사회를 지향한다는 차원에서 이주민집단에 대한 한국 사회의 관심과 맞물려 한국이라는 거주국에서 외국인 이주 정책이 어떻게 진행되고 있는지를 '재한 중국인'이라는 연구 분석 대상을 중심으로 검토해 보려 한다. 화교 디아스포라에 대한 이주, 정착뿐만 아니라 사회적 지위, 모국과의 연대, 문화적 정체성과 다문화적 공존에 대한 분석을 통해 구 화교가 왜 한국에서 사회적, 경제적으로 동화되지 못하고 주변부 소수집단으로 머물러 있는가라는 질문을 던지고, 현재 진행되고 있는 다문화주의 담론과 연구에서 배제된 원인을 한국의 다문화 정책을 통해서 설명하고자 했다. 궁극적으로 본 연구는 한국의 다문화주의와 다문화 정책에 대한 연구 분석을 통해 한국의 다문화 정책의 '다문화주의'로서의 방향을 제시하고자 한다. 이주민 수가 급격하게 증가하며 통계 수치 이상으로 다문화 현상을 체감하고 있는 한국은 향후 각각의 이주 집단에 대한 보다 심층적인 맞춤형 연구가 요구될 것이며 본 연구가 그러한 연구의 초석을 세우는 역할을 할 것으로 기대한다.

# 주

1) 다문화 관련 석, 박사 학위논문 건수만 보더라도 2000년 이전까지는 한 해 한 자리 수에 그쳤는데, 2000년에 들어서면서 두 자리 수로 증가했고, 최근에는 세 자리 수로 급증하고 있다(윤인진 외, 「인도네시아의 민족관계 : 화교를 중심으로」, 『아세아연구』 45(2), 고려대학교 아세아문화연구소, 2002). 이러한 다문화 관련 학문적 관심의 증가 는 다문화의 문제가 한국 사회에서 어떠한 위치에 있는지를 잘 보여 준다.

2) 김남국, 「한국에서 다문화주의 논의의 전개와 수용」, 『경제와 사회』 제80호, 2008, 347쪽.

3) 구견서, 「다문화주의의 이론적 체계」, 『현상과 인식』 7(3), 한국 인문사회과학회, 2003; 마르티니엘로. 윤진 역, 『현대 사회와 다문화주의』, 서울: 한울, 2002; 윤인진, 「한국적 다문화주의의 전개와 특성 - 국가와 시민사회의 관계를 중심으로」, 『한국 사 회학』 제42집 제2호, 2008; 조정남, 「현대국가와 다문화주의」, 『민족 연구』 제30호, 2007 등 논의 참조.

4) 행정자치부, 「희망 대한민국」, 『행정자치부 정책백서 2003-2007』, 행정자치부, 2008; 홍기원, 「다문화 사회 정책 과제와 방향」, 다문화 정책 세미나, 2008; 김이선 외, 「여 성 결혼 이민자의 문화적 갈등 경험과 소통증진을 위한 정책과제」, 한국여성개발원, 2007; 강휘원, 「한국의 다문화 사회 형성과 지 방정부」, 춘계공동학술대회 발표논문 집, 한국행정학회, 2007 등 논의 참조.

5) 오경석 외, 『한국에서의 다문화주의 : 현실과 쟁점』, 서울: 한울, 2007.

6) 김혜순 외, 『한국적 다문화주의의 이론화』, 동북아시대위원회, 2007.

7) 김남국, 「한국에서 다문화주의 논의의 전개와 수용」, 347~349쪽.

8) 오경석 외, 『한국에서의 다문화주의 : 현실과 쟁점』 및 김혜순 외, 『한국적 다문화주 의의 이론화』을 참조하여 논점 정리.

9) 조현상, 「한국 다문화주의의 특징과 정책방향에 관한 연구」, 161~178쪽.

10) 윤동화, 「다문화 가족 지원제도의 개선방안에 관한 연구」, 전남대학교 대학원 석사학 위논문, 2009.

11) 황범주, 「다문화 가족 자녀를 위한 교육정책 분석」, 안양대학교 대학원 박사학위논문, 2008.

12) 장준희, 「다문화 가족 이주 여성의 한국 사회문화 적응에 관한 연구 : 경기도 하남시 를 중심으로」, 명지대학교 사회복지대학원 석사학위논문, 2009.

13) 서범석, 「다문화 교육정책의 현황과 발전방향 탐색」, 한양대학교 대학원 박사학위논 문, 2010.

14) 박희정, 「다문화 교육 활성화 방안 연구 : 학교교육을 중심으로」, 세종대학교 공연예 술대학원 석사학위논문, 2010.

15) 공적기관으로는 외국인 근로자센터, 결혼 이민자가족지원센터, 글로벌지원센터 등이 있고 민간기구로는 이주 여성센터, 다문화빌리지센터, 결혼 이민자지원센터, 외국인 노동자의 집, 다문화 가족지원센터 등이 있다.

16) 한국에서 발표된 화교 관련 연구물들은 한국 화교 외에도 말레이시아 등 해외 화교에 대한 저술들도 많이 있었으나 본 연구에서는 한국 화교와 관련된 연구물들로 한정해 서 소개한다.

17) 한국 화교, 즉 한국 화교의 조상들은 90% 이상인 대부분 중국 산둥山東 지역 출신이지 만, 현재 대부분 국적은 중화인민공화국이 아닌 중화민국, 즉 타이완으로 되어 있다.

18) 송승석, 「'한국 화교' 연구의 현황과 미래 - 동아시아 구역 내 '한국 화교' 연구를 중심 으로」, 『中國現代文學』 第55號, 2010, 167~168쪽.

19) 朝鮮總督府 編, 『朝鮮部落調査報告(第1冊)-火田民, 來往之支那人』, 1924.

20) 朝鮮總督府 編, 『朝鮮に於ける支那人』, 朝鮮印刷株式會社, 1924.

21) 小田内通民, 『朝鮮に於ける支那人の經濟的勢力』, 東洋硏究會出版, 1926.

22) 崔承現, 『韓國華僑史硏究』, 香港社會科學出版社有限公司, 2003, 5~6쪽.

23) 綛谷智雄, 「在韓華僑の生活世界-在韓華僑エスニシテイの形成, 維持, 變化」, 『アシア硏究』 第44卷 第2號, 1998.

24) 중국의 화교·화인 연구에 대한 목록은 『華僑華人硏究中文目錄』, 厦門大學出版社, 厦門, 2003을 연구 분과별로 참고해 볼 수 있다.

25) 杨昭全·孫玉梅, 『朝鮮華僑史』, 北京: 中國華僑出版公司, 1991.

26) 여기서 朝鮮은 남한과 북한을 아우르는 한반도를 말한다. 과거 중국은 북한은 北朝鮮 으로, 남한은 南朝鮮으로 불렀으며, 지금도 한반도는 조선반도로, 한국어는 조선어로 지칭한다. 단지 국명은 북한은 朝鮮으로, 남한은 韓國으로 지칭한다.

27) 陸益龍, 『嵌入性適應模式-韓國華僑文化與生活方式的變遷』, 中國社會科學出版社, 2006.

28) 崔承現, 『韓國華僑史硏究』, 香港社會科學出版社有限公司, 2003.

29) 1949년 중국 공산당 정권이 수립되며 중화인민공화국이 세워지자 국민당 정권은 대 륙에서 밀려나 타이완에서 정권을 장악하게 되며 중화민국을 세운다. 특히 냉전 시 기, 두 정권의 대립과 갈등 속에 타이완 정부는 중국 공산당 정권과의 '해외쟁민海外爭 民'에서 승리를 얻기 위해서 자신의 국민으로 만들 수 있는 해외 화교화인華僑華人들 을 자기의 국민으로 보며 간과할 리가 없었다. 따라서 한국 화교에 대한 연구는 당시 타이완 정부의 "정치적 사명"으로 간주되었다. 그러한 이유로 냉전 시대에 본적은 중 국 대륙이지만, 대륙과 한국과의 관계 단절로 한국에 거주하던 중국 화교들은 타이완 의 국적을 갖게 되며 현재까지도 그 명맥을 이어가고 있다.

30) 盧冠群, 『韓國華僑經濟』, 海外出版社, 1956.

31) 张兆理, 『韩国华侨教育华侨教育丛书: 侨教概况之部』, 海外出版社, 1957.

32) 華僑史編纂委員會, 『華僑誌-韓國』, 1958.

33) 秦裕光, 『旅韩六十年见闻录--韩国华侨史话』, 中华民国韩国研究学会, 1983.

34) 中國展望出版社,『華僑華人史書刊目錄』, 1984年;『華僑歷史學會通迅』1984年 第12期;『華僑華人硏究文獻索引』, 厦門大學出版社, 1994年; 김경국, 「한국의 화교연구 배경 및 동향 분석」,『中國人文科學』, 2003, 508쪽 재인용.

35) 구효경·김신자, 「한국 화교의 실태」,『綠友會報』제5호, 1963. 한국화교협회에서 입수된 자료를 중심으로 화교 인구와 차이나타운에 관해 쓴 실태 조사 성격의 연구 논문이다.

36) 고승제, 「화교 對韓移民의 사회사적 분석」,『백산학보』제13호, 1972.

37) 박은경, 「화교의 정착과 이동 : 한국의 경우」, 이화여자대학교 대학원 박사학위논문, 1981.

38) 김기홍, 「재한화교의 Ethnicity에 관한 연구 : 재한화교의 적응과정에 대한 사례를 중심으로」, 고려대학교 대학원 석사학위논문, 1996.

39) 임채완·박동훈, 「한국 화교의 역할과 발전방향」, 5~34쪽.

40) 사보혜, 「만보산사건과 인천 화교배척사건 연구 : 재만한인과 한국 화교의 관계사적 입장에서」, 인하대학교 교육대학원 석사학위논문, 2009.

41) 이종우, 「한국 화교의 현지화에 관한 연구 : 부산 거주 화교를 중심으로」, 동아대학교 동북아 국제대학원 박사학위논문, 2008.

42) 곽영초, 「한국의 화교 정책과 한국 화교의 사회적 적응에 대한 연구」, 전남대학교 일반대학원 석사학위논문, 2007.

43) 이형석, 「중국 정부의 화교 정책에 관한 연구」, 전남대학교 대학원 석사학위논문, 2006.

44) 양필승, 「한국 화교의 어제, 오늘 및 내일」, 139~158쪽.

45) 영정 미유기, 「한국 화교정체성 형성에 관한 연구 : 한국과 일본의 화교 사회 비교를 중심으로」, 서울대학교 국제대학원 석사학위논문, 2004.

46) 장수현, 「한국 화교의 사회적 위상과 문화적 정체성」,『국제인권법』4, 2001, 1~30쪽.

47) 박경태·장수현, 「국내거주 화교 인권실태 조사: 2003년 인권상황 실태 조사 용역보고서」, 2003.

48) 설동훈·박경태·이란주, 「외국인 관련 국가 인권정책기본 계획 수립을 위한 연구」, 국가인권위원회, 2004.

49) 이재정, 「한국의 화교 거주지 연구 : 인천지역을 중심으로」, 경희대학교 교육대학원 석사학위논문, 1993.

50) 박현옥·박정동, 「한국 화교(인천화교)의 경제활동 및 사회적 지위에 관한 연구」, IDI 연구보고서, 인천발전연구원, 2003.

51) 문미라, 「근현대 화교의 제주도 정착 과정과 사회적 위상」, 제주대학교 대학원 석사학위논문, 2009.

52) 류제헌, 「仁川 華僑史의 盛衰과정 : 1884-1992」,『문화역사지리』18(1), 2006, 11~37쪽.

53) 이윤희, 「동북아시대 인천거주 화교의 인권실태 및 정체성 담론」,『한국의 소수자,

실태와 전망』 2004.

54) 인닝, 「한국 화교의 정체성 연구 : 부산지역 화교 사회에 대한 설문조사를 중심으로」, 부경대학교 대학원 석사학위논문, 2008.

# 3 연구 방법 및 논문 구성

    본 연구는 전술한 바와 같이 한국의 다문화 사회 형성과 다문화 정책에 대한 분석을 통하여 한국의 다문화성을 연구하기 위해 이주민 집단 중 '재한 중국인'이라고 하는 한국의 다문화 사회 형성에서 가장 오래된 이주민 집단을 연구 분석 대상으로 삼았다. 한국 사회가 제도적, 정책적 또는 사회적으로 화교 사회에 어떠한 영향을 미쳤으며, 또한 그러한 차별과 배제 분위기 속에서 한국 화교들이 생존과 발전을 위한 어떠한 적응을 해왔는가를 파악하여 다민족·다문화 시대로 진입하고 있는 한국 사회에 이주자 소수계층에 대한 다문화 정책적 시사점을 제공하는 데 경험적으로 이해할 수 있는 기초를 마련해 줄 것이다.

    이러한 연구 목적을 달성하기 위한 연구 방법으로는 문헌자료 분석과 내용 분석Content analysis의 방법을 통해 이루어졌다. 주로 선행 연구자들의 학위논문, 학술논문, 전문 서적을 수집하고 정리하여 분석, 정부의 다문화 정책 관련 보고서, 각종 통계 자료, 법규 및 전문 연구기관의 연구 보고서 및 동향 보고서, 연보, 방송, 신문, 인터넷 등 매체에서 보도된 언론자료에 대한 내용 분석도 함께 진행할 것이다. 수치로 나타난 각종 통계 자료의 수집, 법률이나 정책 등은 공식 문서로 존재했고, 현재 존재하는 차별 조항들의 수집과 그것들에 대한 평가 및 그 변화과정 추적, 한국 화교들과 관련된 법규와 규약들에 대한 검토, 소수자와 영구거주 외국인에 대한 외국의 사례들에 대한 비교학적 연구 방법 등이 주요 연구 방법으로 활용되었다.

구체적 연구논문의 구성을 정리하면 다음과 같다.

우선 제2장에서는 지구화 시대의 흐름으로 이루어지고 있는 대규모의 인구 이동과 탈영토화, 초국가적 공동체 현상이 증가하고 있는 현상에 대해 '디아스포라'의 시각으로 분석하고 정리한다. 또한 그러한 디아스포라 집단의 형성으로 민족 국가의 경계가 모호해지고 인종적, 종족적, 문화적 다양성의 증가가 끊임없이 이슈가 되어 사회적 문제로 등장한 것에 대해 '다문화' 또는 '다문화주의'라는 담론으로 해석하고 분석하였다. 우선적으로 '디아스포라'와 '다문화주의'에 대한 정의를 시작으로 그 두 키워드와 관련된 이론들이 시대별로 어떠한 변천과정을 겪어 왔으며 어떻게 유형적으로 분석되고 해석되어 왔는지에 대해 집중적으로 살펴볼 것이다. 즉, 본 논문의 이론적 배경과 분석의 틀로서 디아스포라와 다문화주의의 연관성을 집중 분석하고 제시했다.

　제3장에서는 디아스포라 집단에 대한 다문화 정책의 유형에 따라 한국 사회에서의 다문화 정책이 어떻게 구성되어 있는지를 살펴보았다. 한국에서의 다문화 사회 형성과 한국 정부가 인지하고 있는 '다문화 사회' 및 '다문화 정책'의 개념이 어떠한지를 정부의 정책 보고서 및 정책 관련 법규를 통해 밝혀내고 한국에서 진행되고 있는 다문화 정책의 목표와 내용을 대상 집단에 따라 정리했다. 정부가 지향하고 있는 다문화 사회의 문제들을 해결하기 위해 정부와 각 부처 기관들이 시행중인 다문화 정책의 프로그램들에 대한 정책적 내용 분석도 진행했다.

　다음 본 연구의 중심이 되는 제4장과 제5장에서는 앞의 이론적인 배경과 분석틀을 바탕으로 전지구화와 초국가주의 시대 배경 아래 디아스포라 집단의 이주, 정착, 적응 과정에 초점을 맞추어 인구학적으로 한국의 다문화 사회 구성에서 가장 큰 비중을 차지하고 있는 재한 중국인들의 현황을 살펴보았다. 즉, 다문화 정책의 대상 집단으로서 구 화교와 신 화교를 연구 분석 대상으로 선정했다. 또한 기존의 '재한 화교' 또는 '한국 화교'가 갖고 있는 개념의 제한성으로 새로운 개념인 '신 화교'라는 개념을 도입하여 사용했으며 1992년 한·중 수교를 기점으로 그 이전에 한국에 정착한 재한 중국인들은 '구 화교'로, 그 이후에 한국에 유입된 중국인들은 '신 화교'로 구분하여 인구학적 현황과 체류 유형을 분석했다. 구체적인 연구 분석 대상인 재한 중국인 즉, '구 화교'와 '신 화교'에 대한 한국의 대 화교 정책을 중심으로 구체적인 시기별 정책 변천 과정을 살펴보고 과거 외국인 정책과 마찬가지로 현재 한국 정부가 추진하고 시행되고 있는 다문화 정책 속에도 여전히 차별적 포섭과 배제의 논리가 내재되어 있음을 볼 수 있었다.

결론적으로 본 연구는 다문화주의라는 이름으로 포괄되는 외국인에 대한 한국의 다문화 정책에 대한 분석을 통해 한국적 다문화주의 전개에 대한 고찰을 진행했다. 재한 중국인이라는 정책 대상을 중심으로 현재 한국의 다문화 정책은 다문화 집단의 수적 분포에 따른 것이 아니며, 또한 '다양한 인종과 민족의 평등하고 평화적인 공존', '인정의 정치'를 추구하는 다문화주의의 논의가 전제되어 있는 것도 아닌 '차별적인 포섭과 배제'의 논리가 지배하고 있음을 결론적으로 도출했다. 또한 이상의 결과가 갖는 함의와 향후 연구 과제들을 함께 제시해 한국 사회의 '다문화주의' 관련 문제에 대한 성찰적이고 본격적인 논의의 필요성을 배가倍加했다.

# 제2장
# 디아스포라와 다문화주의

# 1 행위자로서의 디아스포라

## 1 ▌ 디아스포라의 정의

디아스포라Diaspora라는 용어는 그리스어에서 비롯되었으며 민족의 일부분이 나라 밖으로 나가서 정착하는 것을 의미하는 단어이다. 역사적으로 디아스포라는 기원전 6세기경에 등장하였다.[1] 디아스포라가 개념 자체는 오래된 것이지만 사회과학계의 보편적인 중요 담론으로 부상한 것은 1990년대 중반의 일이다. 미국과 소련 양 대국 체제에 의한 극심한 이데올로기 대립으로 양극화되었던 세계가 1990년대 초, 소련의 붕괴로 미국의 일국 패권 체제로 들어가면서 세계는 이른바 '냉전 이후Post Cold War'의 새로운 가치 모색에 분주하였다. 체제, 이데올로기 등 거대 담론의 위축과 더불어 민족, 인종, 문화 등 문제가 현대사회를 이해하는 새로운 담론으로 떠오르기 시작하였고 미국이 주도하는 글로벌리즘의 흐름 속에서 이민, 난민, 여행 등 인구 이동 현상이 끊임없이 늘어나고, 국경을 넘어 지역과 세계가 하나로 연결되고 있어 초국가적 관계가 형성되고 있다. 이는 자연스럽게 다인종·다문화·다민족의 교류와 혼종의 시대를 의미하며 다문화 사회의 도래를 의미하고 있는 것이다.

근대 사회가 단일성과 합일의 질서가 강조되던 시기였다면 현재 우리가 살고 있는 이 시대는 급진적으로 다양화되고 다원화된 시공간적인 장이 되고 있다. 세계화의 흐름은 전 세계적인 차원에서 국경을 초월한 대규모 인구 이동을 야기했고 내부적인 차원에서도 현격한 다원화로의 모습으로 바뀌어 가고 있다. 인류의 역사만큼이나 오래된 과제이기는 하나, 이주는 21세기 세계가 처한 최대의 쟁점 가운데 하나로 꼽히고 있다. 또한 오늘날 모든 국민국가는 다문화 사회로의 전환이라는 동일한 경로를 밟아가고 있다 해도 과언이 아니다.[2] 다문화 사회는 대부분 국경을 넘는 인구 이동에 의해 이루어지며 국가 간 인구 이동은 디아스포라 현상을 낳는다. 웰백Osten Wahlbeck은 디아스포라 현상의 특성을 정체성의 탈영토화, 이주자 집단과 모국, 거주국 간의 복잡한 정치적 관계, 초국가 공동체라고 정리하고 있다.[3]

이러한 시대적 배경에는 초국적Transnational, 또는 초국가주의Transnationalism라고 일컫는 시대의 도래로 인한 인구 흐름 현상이 큰 부분으로 작용을 한다. 이러한 현상에 대해 현재 학계에서는 '디아스포라'라는 개념으로 논의를 전개하고 해석한다. 디아스포라는 민족 이산離散을 의미하며, 같은 민족 성원들이 세계 각지에서 흩어지는 과정, 분산된 동일민족과 그들이 거주하는 장소, 그리고 그러한 이주 집단이 모여서 이루는 공동체 등을 가리키기도 한다.

디아스포라는 이민이나 세계적인 인구 이동을 의미하는 언어로, 이주민의 '이주, 차별적응, 문화 변용, 동화, 공동체, 민족문화와 민족 정체성' 등 다양한 경험들을 포괄하며 '민족의 국제 이주, 이주노동자, 민족 공동체' 등을 아우르는 포괄적인 개념으로 사용되며 그들 간의 연관성을 설명할 수 있는 개념으로도 정리된다.[4] 때문에 '디아스포라'와 '이주'는 쌍을 이루는 개념이라고 할 수 있다. 이주가 송출지를 떠나 유입지에 정착하기까지의 과정이라면, 디아스포라는 이주민의 현지 정착과 사회적 적응이라 할 수 있다.

과거 고대 그리스인들에게 디아스포라는 이주와 식민지 건설을 의미한 것이라면 그와 대조적으로 이후 유태인, 팔레스타인에게 디아스포라는 집합적 상흔(傷痕)을 지닌 불행하고 잔인한 의미를 가지고 있다. 이렇듯 디아스포라가 폭넓은 의미로 사용되면서 디아스포라 공동체 특성에 대한 논란 또한 뜨겁다.

세계적인 디아스포라 연구자인 샤프란Safran, 퇴뢰리안Tölölian에 의해 초기 디아스포라의 의미는 이산, 분산, 정체성 등을 의미하는 좁은 의미로 사용되었다. 특히 샤프란은 디아스포라의 특성으로 ① 특정한 기원지로부터 외국의 주변적인 장소로의 이주. ② 모국에 대한 집합적인 기억. ③ 거주국 사회에서 수용될 수 있다는 희망에 대한 포기와 거주국 사회에서의 겪는 소외와 격리. ④ 조상의 모국을 후손들이 회귀할 진정하고 이상적인 땅으로 보는 견해. ⑤ 모국에 대한 정치적, 경제적 헌신. ⑥ 모국과의 지속적인 관계 유지 등 6가지로 나타내며 비교적 협의적 개념으로서의 디아스포라를 정의했다.[5]

기존에 디아스포라를 모국으로 귀환하려는 공동체로 제한하여 논의하였다면 최근 연구들은 모국으로 귀환하려는 희망을 포기하였거나 또는 아예 처음부터 그러한 생각을 전혀 갖지 않은 이주민집단들도 디아스포라로 간주하고 있다. 최근 연구에서 최인범(I.Choi, 2003)은 기존의 디아스포라 개념의 공통적인 속성을 다시 정리하여, ① 한 기원지로부터 많은 사람들이 분산되어 외국으로 이주한 것. ② 정치적, 경제적, 기타 압박 요인에 의해 비자발적이고 강제적으로 모국을 떠난 것. ③ 고유한 모국의 전통적인 민족문화와 정체성을 유지하고 노력하는 것. ④ 다른 나라에 살고 있는 동족에 대하여 애착과 연대감을 갖고 서로 교류하고 소통하기 위한 초국적 네트워크를 만들려고 노력하는 것. ⑤ 모국과의 유대를 지키려고 노력하는 것으로 요약했다.[6]

이렇듯 1990년대에 들어서 초국가적 인구 이동이 늘어나고 연구가 활발해지면서 현재 디아스포라는 과거 유태인의 경험뿐만 아니라 다른 민족의 이주, 망명, 난민, 민족공동체, 정체성 등을 아우르는 포괄적이고 확대된 개념으로 사용되고 있으며 한마디로 정의하기에 광의적이고 포괄적인 개념이 되어 버렸다.

다시 정리하면, 디아스포라는 한 민족의 혈통을 가진 사람들이 모국을 떠나 세계 여러 지역으로의 이주 과정을 단순히 해외로의 이주와 정착에 한정시키지 말고, 해당 국가 내에서의 소수자의 지위, 모국과의 연대, 다문화적 정체성 등 다양한 자원을 포괄하는 차원까지 확대시킬 필요가 있다. 따라서 디아스포라에 대한 연구도 해당 거주국에서의 그들의 위상, 모국과의 연대관계, 다문화적인 공존 등 다양한 관점에서 이루어져야 함을 지적함에 있어 최인범의 연구는 중요한 의의가 있다고 할 수 있다. 때문에 디아스포라는 이념형으로 이해해야 하며, 일률적인 형평성으로 정의하고 평가하는 것은 무리이다. 그들은 모두 상이한 배경과 동기를 가지고 모국을 떠나 다양한 유형의 정치, 경제, 사회, 문화, 민족을 가진 거주국에서 정착하며 살아가기 때문이다.

세계에 존재하는 디아스포라의 구체적인 형태는 매우 다양하다. 코헨(Cohen, 1997)은 디아스포라를 5가지 유형으로 분류하고 있다. '박해·도피형Victim or Refugee', '식민지 이주형Imperial or Colonial', '노동 이주형Labor or Service', '상업 이주형Trade or Commerce', '다인종·문화형 Cultural or Hybrid' 등이다.[7] 물론 현실적으로 한 민족의 국경 간 이동을 하나의 특정 형태로 단정하는 것은 불가능하다. 시대적, 세대적, 동기적 차이가 존재하기 때문이다. 대표적인 예로 디아스포라의 원조인 유태인들의 경우 '박해·도피형'과 '상업 이주형' 모두에 해당하는 등 대부분의 민족 이동이 그러하다. 그뿐만 아니라 최근 들어 빈번해지는 새로운 이주 형태와 경험을 포괄하는 새로운 유형으로 '자유형 이주Voluntaru Migration'와 유입지로부터 발전된 모국 또는 제3국으로 재이주해가는 현상을 포괄하는 유형으로 '귀환형 이주Return Migration'와 '3각 이주Triangle Migration' 등 새로운 개념틀도 등장했다.[8]

이렇듯 최근 사회과학 학자들은 현대적 의미의 디아스포라를 재외 Overseas, 소수민족Ethnic, 소수 이주민Minority, 재외거류Expatriate, 이민자 Migrant, 난민Refugee 등 광의적인 의미에서 재정의 하고 있다.[9] 이러한 디아스포라에게 있어 가장 큰 현실적인 문제는 둘 혹은 그 이상의 문화와 접촉하면서 현지 사회에서 적응하며 살아가야 한다는 사실이다. 이때 문화는 언어, 역사, 종교, 습관, 제도 등을 공유하는 단위이며, 동일한 문화적 정체성을 이루는 단위라고 할 수 있다. 그것은 사고방식, 생활양식, 적응양식이라는 단위로도 파악된다. 다른 문화를 대면하게 될 때 이를 예견하고 문화 간의 충돌을 완화시키기 위해 자신과는 다른 문화를 배우고 이해함으로써 진정한 의미의 공존을 준비할 필요가 있다.

## 2 ▌ 디아스포라 사회·문화적응 이론

디아스포라에게 있어 현지화localization는 생활 집단으로서의 디아스포라 집단이 현지 사회에 적응하고 통합되어 가는 과정을 의미한다고 할 수 있다. 근대화 이후 디아스포라 집단들의 초국가시대 국제 환경과 거주국의 이주·이민 정책 변화에 정착, 적응을 살펴보기 위하여 이론적인 접근으로 이주 집단의 '현지화'에 대한 동화론Assimilation Theory, 분절동화론Segmented Assimilation Theory, 다원론Pluralism, 문화 변용론 Acculturation Theory 등을 이론적 분석 틀로 제시해 보고자 한다.[10]

### 1) 동화론Assimilation Theory

동화론은 이민자 또는 소수 인종이 거주국 또는 다수 인종의 사회 및 문화를 닮아가는 과정을 의미한다. 즉, 동화란 개인이나 집단이 다른 문화를 지니는 개인이나 집단으로부터 그 문화를 받아들여 공통문화를 가지게 되는 과정을 말하는 것인데, 특히 정책의 형태로 일방적이고 강제성을 띄는 경우를 일컬어 동화정책이라고 한다. 이러한 동화론은 미국 시카고대학 사회학자들이 발전시킨 이론으로서

1900년대 초반 남유럽 및 동유럽 이민자들이 미국으로 이주하여 적응하는 과정을 설명하는 이론으로서 발전하였다. 또한 동화론은 인종·민족 관계에 있어서 가장 큰 영향력을 가지고 있는 이론이라고 할 수 있다. Park and Burgess(1969)에 의해 제시된 동화이론은 사회적 동화를 어떤 개인과 집단이 다른 개인과 집단의 기억memories, 감정sentiments 및 태도attitudes를 습득하고 그들의 경험과 역사를 공유함으로써 공통된 문화생활 속에 통합되고 융합되어 가는 과정이라고 정의하고 있다. Park and Burgess는 미국의 이민자들이 미국 주류 사회에 동화되는 과정을 접촉contact, 경쟁competition, 수용accommodation, 동화assimilation의 4단계로 설명하고 이러한 단계적 진행과정이 '전진적이고 돌이킬 수 없는progressive and irreversible' 것으로 파악했다.[11)]

동화에는 행태적 동화와 구조적 동화의 두 측면이 존재한다. 행태적 동화behavioral assimilation는 이민 집단이 토착 사회의 문화-언어, 가치, 규범 등을 수용하고 고유의 특성을 포기하는 것인데, 이러한 행태적 동화가 이루어졌다고 해서 구조적 동화가 보장되는 것은 아니다. 구조적 동화structural assimilation란 이민 집단이 소수집단으로 고립되는 것을 멈추고 주류 사회와 동일한 기준을 수용하는 것이다.[12)] 고든(Gordon, 1964)은 파크Park의 단계적 동화이론을 일곱 단계의 동화론으로 보다 더 정교화하였다. 고든이 제시한 7단계 동화론은 '문화적 동화→구조적 동화→혼인적 동화→정체적 동화→태도 수용적 동화→행동 수용적 동화→시민적 동화'로 나눠진다. 고든의 일곱 단계에서는 구조적 동화를 가장 핵심으로 보았으며 이 단계를 거치게 되면 이후의 단계는 큰 문제없이 진행된다고 보았다.[13)]

주로 구조적 동화과정에는 정착사회의 제도와 조직에 참여하고 다수 집단성원들과 친분관계를 맺는 것 등을 포함하고 있다. 그리고 정착 사회의 정식구성원으로서 차별대우를 받지 않고 사회 다수 집단 구성원들과 친밀한 1차적 관계를 맺게 되면 적응은 성공적으로 진행되었다고 볼 수 있다. 마지막 단계로서 새로운 사회에 소속감을 갖게 되어 사회의 다른 구성원들과 태도적 일체감을 갖는 것이 적응의 완성단계라고 하였다. 이러한 동화론에는 거주국의 이주민 정책이 크게 작용한다. 자민족 중심주의 정책하에서는 이민자와 소수집단 간의 차별과 배제로 인해 사회 적응이 성공적으로 이루어지기 어렵다. 또한 동화론에는 이민자들이 주류 사회에서 생존하기 위해서는 자신들의 문화적 배경을 저버려야 한다는 비문화적 태도를 제시하고 있어서 소수민족 집단의 전통문화와 민족 정체성을 상실하기 쉽다.

## 2) 분절 동화론Segmented Assimilation Theory

분절 동화론은 Portes and Zhou(1993)에 의해 제안되었는데, 이는 1965년 이후 주로 아시아 및 남미로부터 미국으로 이주한 이민자를 연구하여 체계화한 이론이다. 이 이민 집단은 과거 유럽계 이민과 비교하여 기존 주류 미국 사회와 문화적, 언어적, 출신 배경 등에서 차이가 컸으며, 따라서 이들은 사회적 동화 과정에서도 매우 다른 양상을 보였던 것이다.[14] 분절 동화론은 동화론에서 제시되었던 동화가 아니면 분리라는 이분적인 구분을 지양하고 동화와 분리의 중간 단계에 해당하는 소수집단의 대안적인 적응 방식을 파악하게 한다는 점에서 이론적 기여를 하였다. 이 이론에 의하면 동일한 거주 환경이 주어진다 하더라도 이민자의 출신 배경 및 문화적 특성, 민족적 특성, 사회적 네트워크 형성 여부 등에 따라서 각각 다양한 대응 방식이 나타난다는 것이다. Portes and Zhou(1993)은 이민자들이 택할 수 있는 세 개의 동화 경로를 제시하였다.

첫째는 주류 사회로의 상향적 동화 경로로서, 이민자가 거주국 주류 사회의 언어, 사회, 문화에 동화됨으로써 이민자는 신분이 상승하는 경로를 밟게 되는데, 이 경로는 Park and Burgess(1969)가 제시한 경로이다. 둘째는 하향적 동화 경로로서 거주국 주류 사회에의 동화에 실패하고 거주국 하층 사회로 동화하는 것으로서, 이 경우 이민자는 실업, 빈곤, 일탈, 범죄 등 여러 가지 사회 문제에 빠져들게 되고 주류 사회에 편입되지 못한 채 하층 사회에 머물게 된다. 세 번째 경로는 주류 사회로의 일방적인 동화를 지양하고 거주국 주류 사회와는 독립적으로 자신들의 민족 문화와 정체성을 유지하고 동족 성원 간의 유대와 연결망을 활용하여 사회 경제적 신분 상승을 꾀하는 경로를 말한다.[15]

## 3) 다원론Pluralism

다원론은 소수집단이 경제적·정치적으로는 거주국 사회에 통합되더라도 문화적으로는 자신의 정체성을 유지하게 되는데, 언어, 종교, 관습 등과 같은 소수 이민 집단 고유의 문화적 전통이 거주국 주류 사회의 문화로부터도 인정받고 보호받는 양상을 띠게 된다는 이론이다. 즉, 거주국 사회와 이민자 사회가 서로의 문화적 정체성을 존중해주는 것이 다원론적 입장인 것이다. Abramson(1980)은 다원론을

'지속적인 민족적 차이와 이질성sustained ethnic differentiation and continued heterogeneity을 발생시키는 조건'으로 단순하게 정의한 바 있다.[16] 다원론에는 문화적 다원론cultural pluralism과 구조적 다원론structural pluralism의 두 가지 영역으로 구분된다. 문화적 다원론은 하나의 경제적·정치적 체계 내에 두 개 이상의 별개의 문화가 조화롭게 공존하는 것을 의미하는 것이며, 구조적 다원론은 인종적·민족적으로 다른 두 개 이상의 문화가 자신만의 지리적으로 분리된 공동체를 형성하고 공존하는 것을 의미한다.

Marger(1994)는 이러한 다원론을 평등적 다원론과 불평등적 다원론으로 구분하였다.[17] 평등적 다원론에서는 인종적·민족적 집단들이 문화적·구조적 자치권과 더불어 정치적·경제적 측면서도 평등한 위치를 차지함을 의미한다. 이러한 평등적 다원론은 문화적 다원론과 조합주의적 다원론으로 구분된다. 문화적 다원론은 한 집단이 자발적으로 자신들의 문화적 정체성을 유지하는 것을 의미하며, 조합주의적 다원론은 인종적·민족적 집단 간의 문화적·구조적 차이가 상호적인 정치적 권위에 의해 인정되는 경우를 의미한다. 이러한 조합주의적 다원주의 사회는 집단 간 문화적 구분과 구조적 분리가 미국과 같은 문화적 다원주의 사회에 비해 훨씬 뚜렷하고 강하다. 각 집단은 자신만의 언어와 영토를 보유하고 한 국가 내에서 하나의 하위국가sub nation를 형성할 정도이며 각 집단은 사회의 보상체계에서 거의 균등한 수준의 몫을 분배받게 된다.[18] 한편 불평등적 다원론에서는 지배집단과 소수집단이 문화적·구조적으로 분리된 가운데 양 집단 간 사회적 관계에 있어 극단적인 양극화가 일어나며 고도의 선입견과 차별이 일상화된다.

## 4) 문화 변용론Acculturation Theory

문화 변용acculturation이란 둘 이상의 서로 다른 문화가 접촉하였을 때, 한쪽 또는 양쪽의 문화 형태에 변화가 일어나는 현상이다. 다시 말해 서로 다른 인종, 문화적 집단의 사람들이 장기간의 접촉을 하여 발생하는 모든 변화의 과정을 의미한다. Berry(1992)는 문화 변용을 이민자가 거주국의 주류 사회와 접촉할 때 발생하는 쌍방향적 영향과 변화로 정의하고 있으며,[19] Gordon(1964)은 문화 변용을 새로운 사회의 문화를 지향하는 소수집단의 소폭적 조정minor modification으로 보면서 문화 변용을 완전한 동화로 이행하는 과정의 일차적 단계로 파악하고 있다.[20] Berry(1992)에 의하면 문화 변용은 상호적으로 영향을 미치는 단계에서 통합, 동화, 고립, 주변화의 네 개의 경로로 발전해 나갈 수 있다고 한다. 첫째, 통합integration은 자신의 문화적 전통을 유지하면서도 주류 문화와의 접촉을 유지하는 것을 의미하는 것이며, 둘째, 동화assimilation는 자신의 문화적 전통을 포기하고 주류 문화로 흡수되는 것을 말한다. 셋째, 고립separation은 자신의 문화적 전통을 고집하면서 주류 문화와의 접촉을 피하는 것을 의미하는 것이며, 넷째, 주변화marginalization는 전통적인 자신의 문화와도 멀어지고 주류 문화와도 멀어지는 경우를 의미한다.[21]

또한 Berry(1992)는 문화 변용을 3단계로 구분하여 제시하였다. 제1단계는 서로 다른 2개의 문화가 만나는 초기 단계인 접촉 단계, 제2단계는 이민자들을 수용하는 주류 사회가 이민자들에게 변화의 압력을 가하는 갈등 단계로, 이때 이민자들은 기원사회origin society와 정착사회host society의 문화정체성 사이에서 어느 한쪽을 선택해야 하는 정체성의 혼란을 경험한다. 제3단계는 해결 단계로서 문화 변용의 특정한 전략을 사용해서 정체성의 혼란을 극복하는 단계이다.

위에서 정리한 이주 집단의 현지화 적응 이론을 토대로 사회문화적 적응을 유형화하는 것도 중요하지만 이러한 이주 집단의 현지화 적응 과정에는 가장 크게 작용하는 것은 무엇보다도 거주국의 이주민에 대한 정책이다. 윤인진(2004, 41쪽)에 의하면 거주국민의 인종관 및 민족관 그리고 거주국 정부의 이민 정책과 민족 정책은 이민자의 이주와 귀화의 조건을 결정하고 이주 이후의 적응 수준과 방식에 크게 영향을 미친다. 특히 자민족 중심의 정책하에서는 이러한 이민 소수집단에 대해서 차별과 배제가 심해져 성공적으로 현지 사회에 적응하기 어렵다. 또한 동요를 강요하는 정부 정책하에서는 소수민족 집단이 전통적·민족적 정체성을 유지하기 어려우며 주류 사회·문화로의 동화가 급속하게 이루어지게 된다.

# 주

1) Diaspora는 어원적으로 그리스어 전치사 dia(영어로 "over," 한국어로 "~를 넘어")와 동사 spero(영어로 "to sow," 한국어로 "뿌리다")에서 유래되었다. 옥스퍼드 영어사전에 따르면 Diaspora는 "바빌론 유수(586 B.C.) 이후 팔레스타인 밖에서 흩어져 사는 유대인 거류지" 또는 "팔레스타인 사람 또는 근대 이스라엘 밖에 거주하는 유대인"을 가리킨다.

2) 김남국, 「한국에서의 다문화주의 논의의 전개와 수용」, 343~361쪽.

3) Osten Wahlbeck, "the Concept of diaspora as an analytincal tool in the study of refugee conmmunities", *Journal of Ethnic and Migration Studies* Vol.28, issue 2, 2009, p.9.

4) 이상 디아스포라 개념과 정의에 관한 이론적 연구동향에 대해서는 윤인진, 『코리안 디아스포라-재외한인의 이주, 적응, 정체성』, 서울: 고려대학교 출판부, 2004, 5~9쪽 참조.

5) Safran, William, "Diaspora and Beyond: There is No Home for Koreans in Japan", *Review of korean studies* 4(2), 1991, pp.55~86; Tölölian, "The Nation State and Its Others: In Lieu of Preface", Diasporas 1(1), 1991, pp.3~7.

6) Choi, Inbom, "Korean Diaspora in the Making: Its Current Status and Impact on the Korean Economy", 2003, pp.9~27.

7) Cohen, Robin, "GLOBAL DIASPORAS; An introduction, University of Washington Press", 1997.

8) 전형권, 「모국의 신화, 노동력의 이동, 그리고 이탈 : 조선족의 경험에 대한 디아스포라적 해석」, 『한국동북아논총』 11(1) 통권38집, 한국동북아학회, 2006, 140쪽.

9) 장성하, 「코리안 디아스포라의 자기인식과 디아스포라 미션」, 『선교와 신학』, 2006, 19~20쪽.

10) 디아스포라 이주 집단에 대한 현지화 적응에 관한 이론적 분류는 윤인진(2003, 2004)의 이론적 분석틀을 따라 분류했다.

11) Park, Robert and Burgess, E., "Introduction to the Science of Sociology", University of Chicago, 1969.

12) 이성우·고금석·류성호, 「인종 간 결혼의 결정요인과 결과에 관한 연구」, 『한국 사회학』 36(6), 2002, 77~164쪽.

13) Gordon, Milton. "Assimilation in American Life: The role of Race, Religion, and National Origins", Oxford: Oxford University Press, 1964; 윤인진, 『코리안 디아스포라-재외한인의 이주, 적응, 정체성』, 29쪽 재인용.

14) Portes, A. and M. Zhou, "The New Second Generation: Segmented Assimilation and Its Variants", *Annals of the American Academy of Political and Social Sciences* 530,

1993, pp.74~96.

15) 윤인진, 『코리안디아스포라-재외한인의이주, 적응, 정체성』, 35쪽.

16) Abramson, H., "Assimilation and Pluralism", in S. Thernstrom(ed.), *Harvard Encyclopedia of American Ethic Groups*, Harvard University Press, 1980, pp.150~160.

17) Marger, M. *Race and Ethnic Relations: American and Global Perspectives*, Belmont, CA: Wadworth Publishing, 1994.

18) 윤인진, 『코리안 디아스포라-재외한인의 이주, 적응, 정체성』, 32~33쪽 참조.

19) Berry, John, "Accumulation and Adaptation in a New Society", *International Migration* 30, 1992, pp.69~85.

20) Gordon, Milton M., "Assimilation in American Life".

21) 윤인진, 『코리안 디아스포라-재외한인의 이주, 적응, 정체성』, 28~30쪽.

# 2 다문화주의 및 다문화 정책

## 1 ▌다문화와 다문화주의

세계화의 급진적인 진행과 함께 인구 이동을 대변하는 디아스포라의 부각으로 한 국가 내의 구성원들이 점점 다양해지는 현실은 국민국가로 하여금 새로운 '국민'의 개념을 재구조화하지 않을 수 없는 단계에 이르렀으며, 이에 따라 기존의 문화와 다른 다양한 문화[1]들에 능동적으로 대처해 나갈 수 있는 정책이나 법규를 수립하거나 개선해야 할 필요성이 대두되고 있다.

다문화의 개념은 매우 다양한 의미로 사용되면서 그 철학적 기반·정의·정책 등에 대한 합의는 아직까지 존재하지 않는다. 다문화의 정의에 관한 기존연구를 보면, 김진숙(2008, 10~11쪽)은, 같은 집단일지라도 나름대로의 분절되고 독특한 양상의 문화 형태들이 조합을 이루어 한 사회가 동일하지 않은 다양한 문화로 구성되어 공존하는 것으로 정의하고 있으며, 김형인(2006, 17쪽)은 '다양한 문화와 사회에 속한 개인, 집단, 국가가 평등, 상호존중, 공존할 수 있다는 믿음을 갖는 보편적 가치'라고 정리하고 있다. 또한 전숙자 외(2009, 16쪽)는 다문화는 상이한 국적, 체류 자격, 인종, 문화적 배경, 성, 연령, 계층적 귀속감 등에 관계없이 모든 인간이 인간으로서의 보편적 권리를 향유하고 각자의 특수한 삶의 방식을 존중하며 공존할 수 있는 다원주의적인 사회, 문화, 제도, 정서적 인프라를 만들기 위한 집합적 노력이라고 정의하고 있다.

박이문(2002)은 정치철학적 관점에서 한 사회 내에 존재하는 각 하위사회 인간집단의 신념의 상대성을 똑같이 인정하고 존중해야 한다고 주장하면서, 다문화는 음식, 의복, 주거형태, 장례의식, 이념, 종교, 언어사용 등에 있어서 모든 집단에 자유를 인정하고 공존하자는 것이라고 설명하고 있다.[2] 또한 구견서(2003, 30쪽)는, 다문화는 문화 간의 격차와 이질성에 의해서 무시되거나 차별되는 것을 전략적으로 방지하고 문화에 따른 사회적·정책적·경제적 갈등을 해소한다는 차원의 목적을 갖고 있다고 주장하고 있다. 이러한 연구자들의 견해를 종합하여 볼 때, 다문화에 있어서 가장 중요한 포커스가 문화의 상호 이해와 인정, 공존이 중요한 가치라는 것을 알 수 있다. 다문화가 이처럼 다른 문화에 대해 관용적이고 문화 간 공존을 추구한다는 점에서 문화적 다양성과도 연관되어 있다. 이러한 관점에서 다문화의 개념을 정리하면, 다양한 문화들이 한 사회에 공존하는 것을 서로 인정하고, 이들의 문화를 적극적으로 보존하는 것이라 정의

할 수 있다.[3]

이러한 다문화의 개념에 근거해서 다문화 사회[4]를 정의해 보면 "언어, 종교, 관습, 가치관, 국적, 인종, 민족 등 다양한 문화적 배경을 지닌 이민자들이 사회구성원으로 참여하여 이루어진 사회"로 정의할 수 있다(김혜순(2007), 1~37쪽). 즉, 한 국가 내에 다양한 인종과 민족 출신이 함께 어우러져 상호간의 다양성을 인정하고 다른 인종과 민족 때문에 받는 사회적 차별 없이 시민 또는 국민으로서 그들이 속해있는 국가의 이익이나 시민으로서의 권리와 책임을 다하는 사회 구조가 다문화 사회 구조이며, 이를 '다민족 사회' 또는 '다인종 사회' 등으로 부를 수 있을 것이다. 그렇다면 아직 한국을 다문화 사회라고 보기는 어렵다. 다문화 사회의 기준이 세계적으로 합의되어 있지 않지만 여러 OECD 국가들의 외국인 이민자 비율이 10% 이상인 것으로 나타나 일반적으로 이를 기준으로 보는 것이 현재로서는 타당하다고 할 수 있다.[5] 하지만 외국인 노동자와 결혼 이민자들이 과거에 비해 가속적으로 유입되고 있고, 이에 따라 한국 내 인종적·민족적 다양성이 나타나고 있어 사회적 갈등 문제의 해소와 사회 통합의 필요성이 제기되면서 한국도 본격적인 다문화 사회에 대한 관심과 문제에 대한 대책마련이 요구되고 있는 실정이다.

다문화주의란 일반적으로 인간사회의 다양성, 인구학적·문화적 다양성을 설명하기 위해 사용되는 용어로서 이질적인 문화들의 공존을 의미한다. 다문화주의 개념의 사전적인 정의는 여성 문화, 소수 문화, 비 서양문화 등 여러 유형의 이질적인 주변문화를 제도권 안으로 수용하자는 입장 또는 여러 유형의 이질적인 문화를 '세계주의'나 '다원주의' 입장에서 유용하게 수용하자는 입장이며, 현상적으로는 이종, 민족, 문화적으로 다원화된 인구학적 현상을 가리킨다. 하지만 현재 다문화주의는 본질적으로 문화집단 간 평등과 긍정적 평가를 전제로 하면서, 결혼 이민자들을 위한 정책과도 동의어로 쓰이며 논의의 지평이 확대되고 있다.[6] 다시 말해 다문화주의를 개념화하기 어려운 이유는 다문화주의라는 용어가 일종의 유행처럼 편의적이고 산발적으로 일상에서 사용되고 있고, 더불어 다문화주의 유형 또한 다양하다는 것에 있다. 다문화주의 이론의 대가인 캐나다의 철학자 Taylor(1992)는 다문화주의를 문화적 다수집단이 소수집단을 동등한 가치를 가진 집단으로 인정하는 인정의 정치the politics of recognition로 정의하고 있다.[7] 이는 단지 소수집단이 다른 집단의 권리를 침해하지 않는 한도에서 자유롭게 사는 것을 인정하는 수준에 그치는 것이 아니라 다수집단이 소수집단의 문화가 존속하도록 적극적인 조치affirmative action를 취하는 것을 의미한다.

Justin Healey(2005)는 다문화주의를 문화적 인정과 다양성을 찬미하는 단일의 시스템이라고 정의하였는데, 다수집단이 소수집단의 문화적 권리를 인정하는 것을 다문화주의로 보고 있다.[8] 따라서 다문화주의는 한 사회가 다양한 요소로 이루어졌음을 나타내는 소극적 의미와 함께 기존 주류 집단 내에서 다른 문화를 인정하고 이민자들의 문화를 보호, 향유할 권리를 보장하는 적극적 의미를 모두 내포하고 있다. 캐나다의 철학자 Troper(1999)의 정의에 따르면 다문화주의란 첫째, 인종, 민족, 문화적으로 다원화되어 있어야 하며, 둘째, 사회문화적 다양성을 긍정적으로 인식하고 가치 있게 여기고 존중하려는 사회적 이념 체계를 갖추고 있어야 한다. 셋째, 사회문화적 다양성을 보호하고 인종, 민족, 국적에 따른 차별과 배제 없이 모든 개인이 공평한 기회를 접할 수 있도록 보장하는 정부의 정책과 프로그램을 갖추고 있어야 한다고 지적한다.[9] 이러한 다문화주의의 3가지 요건 중 인구학적 측면에서 볼 때 한국은 아직 다민족·다문화 사회라고 하기에는 아직 이르지만 그러한 사회로 진입하고 있다고는 말할 수 있을 것이다.

다문화주의를 바라보는 시각으로는 용광로melting pot형, 모자이크 mosaic형, 샐러드 그릇salad bowl형 등의 다양한 이론적인 유형 모델이 존재한다. 용광로형이 소수집단이 주류 사회에 녹아드는 동화주의적 관점을 반영 한다면, 모자이크형은 소수집단이 주류 사회의 단위문화를 배경으로 모자이크처럼 점점이 박혀있는 것을 의미하며, 샐러드 그릇형은 소수집단과 다수집단이 상호 공존하면서 고유의 개별성을 그대로 유지하는 또 다른 통합성을 의미한다. Vertovec(1996)는 진정한 다문화주의는 몇 개의 인접한 소수집단의 단위문화가 주류 사회의 단위문화를 배경으로 점점이 박혀있는 '모자이크'가 아니라, 다양한 구성요소들이 상호 공존하며 각자의 색깔과 냄새 그리고 고유의 개별성을 그대로 유지하면서도 서로 조화되어 또 다른 통합성을 이루어내는 이른바 '샐러드 그릇'형이어야 한다고 주장한다.[10]

이러한 다문화주의 개념은 1970년대를 전후하여 서구사회에서 본격화된 문화적, 인종적 다양성을 다루기 위해 본격적으로 사용되어진 것으로, 이민자에 대한 전통적인 통합이념인 동화주의에 대한 대안의 성격을 갖고 출발했다고 할 수 있다. 그러나 다문화주의는 민족국가 형성의 역사적 배경이 다양한 만큼 나라별로 다양한 형태로 나타나고 있다. 1970년대 전후는 포스트모더니즘이 전 세계적으로 영향력을 끼치던 시기로, 유럽 중심의 단일화된 문화에 대한 비판이 제기되던 시점이다. 특히 다문화주의는 다인종, 이민국가인 미국이나 호주에서 가장 활발하게 일어났으며, 이어 소수인종 이민자들이 많이 살고 있는 영국, 뉴질랜드 등으로 퍼져 나갔고, 또한 오늘날에는 아시아와 아프리카를 포함한 세계 각국으로 확산되고 있다.[11] 하지만 중요한 것은 다문화주의가 앞서 열거된 나라들에 국한된 문제는 아니며, 세계화의 진전에 따라 전 세계 모든 국가들의 문제로 확대되어 가고 있는 것이다.

포스트모더니즘은 모더니즘에 대한 비판적 반동으로 등장하여 대중문화에 대한 특별한 관심을 가지고, 다양하고 가변적이며 혼성적인 문화가 이 시대의 문화적 양식이라는 입장을 취한다. 이러한 다양성과 가변성에 대한 인식은 다문화주의에 크게 영향을 미쳤다.[12] Kymlicka(1995)는 미국에서 다문화주의가 등장하게 된 직접적인 계기로 1960년대에 있었던 시민권 운동Civil Rights Movement을 꼽고 있다. 당시의 미국은 유럽 중심의 고급문화만이 진정한 문화라고 생각했으며, 단일문화주의Monoculturalism가 지배적이었다. 단일문화주의는 19세기 서구에서 민족국가가 등장하면서 생겨난 사상으로 문화적 측면의 민족주의라고 하겠다. 이러한 단일문화주의에 맞서 등장한 것이 바로 마틴 루터 킹 목사를 중심으로 진행된 흑인들의 시민권 운동이었다.[13] 이와 더불어 1960년대 후반에는 여성의 권리와 사회 참여를 증진시키기 위한 광범위한 여권 신장 운동이 진행되었으며, 1970년대에는 인디언, 히스패닉, 아시아인 등 다양한 민족적 집단의 권리 운동이 일어나기 시작했다. 또한 1980~1990년대는 주류 문화에 반하는 소수자 운동과 다문화주의 운동이 정점에 이르렀던 때로, 소수집단의 시민권 투쟁이 가장 활발히 일어났으며 사회의 각 영역에서 구

체적인 다문화주의 실천 방안에 대한 고민과 운동이 일어났다.[14)

　다문화주의의 목적은 국가 수준, 사회공동체 수준, 개인 수준 등에
서 광범위한 이해와 합의를 통해 적절한 정책으로서 구체화되어야만
실현할 수 있다. 때문에 다문화주의는 이념 지향적Ideal type인 다문화
주의와 정책으로서의 다문화주의로 크게 구분된다. 이념 지향적 다
문화주의는 국가나 사회에서 분출되는 여러 가지 형식의 문화적, 민
족적 인정 요구를 자유주의적 가치인 평등, 자유, 인권 문제와 어떻
게 조화시킬 것인가에 대한 문제가 핵심이 된다. 반면 정책으로서의
다문화주의는 이데올로기를 주장하는 정치적 결사의 형태로 문화의
이질화에 따른 정치적, 사회적, 경제적 갈등을 해소하는 것을 목적으
로 한다.[15) 이념 지향적으로서의 다문화주의는 유형별로 모형이 존
재하지만, 실제 그 어떤 사회에서도 완전한 다문화주의 모형의 정책
이 이루어지는 곳은 없으며 각 사회의 배경에 따라 정책으로서의 다
문화주의 즉, 다문화 정책의 모형이 형성되었다.


## 2 ┃ 정책으로서의 다문화주의


　앞에서 살펴본 대로 정책으로서의 다문화주의는 각 사회의 사회
적, 역사적 배경에 따라서 달라진다. 즉, 다문화 사회는 다양한 사회
속에서 무수하게 많은 행위자들에 의해서 형성되지만, 사회를 구성
하는 주체로서의 정부와 정부에 의해 이루어지는 정책의 영향력은
무시할 수 없을 만큼 크다. 따라서 다문화 정책을 살펴보는 것은 그
사회가 어떤 성격의 다문화 사회로 나아가고 있는지를 가늠할 수 있

게 한다. 다문화주의 개념이 다양한 것과 마찬가지로 다문화 정책 역시 다양하게 정의되고 있다. 다문화 정책이란 다문화 사회에서 발생하는 다양한 사회문제들에 대응하기 위해 법·제도의 제정과 개정 및 운용을 위한 정책, 입안, 집행을 포함하는 과정을 의미한다. 현재 다문화 정책을 다문화주의와 동화주의의 연장선상에서 개념화하려는 경향이 나타나고 있다.

여러 학자들의 다문화 정책에 대한 개념을 정리해 보면 다문화 정책이란 "한 사회 내에서 다양한 인종집단들의 문화를 단일한 문화로 동화시키지 않고 서로 인정하고 존중하면서 공존하게 하는 데 그 목적이 있는 이념체계와 그것을 실현하고자 하는 정부의 정책과 프로그램",[16] "문화적 다수집단이 소수집단을 동등한 가치를 가진 집단으로 인정하는 인정의 정치Politics of Recognition",[17] "사회문화적 다양성을 보호하고 인종, 국적, 민족에 따른 차별과 배제 없이 모든 개인이 공평한 기회에 접근할 수 있도록 보장하는 정부의 정책과 프로그램",[18] "다문화 정책을 주류 또는 다수 집단과 다른 비주류 또는 소수자 집단의 차이에 대한 '제도적 보장', 즉 특정의 인종 집단이 무시되거나 차별받는 것을 방지하고자 이에 근거한 사회·정치·경제적 갈등을 해소하며 인간으로서 보편적 권리를 향유하도록 하기 위한 제도적 개입"[19] 등으로 지칭한다. 이러한 논의들을 통해 보다 현실적인 의미의 다문화 정책을 정리해 보면, 다문화주의 시대의 사회문제를 해결하기 위한 정책적 대안이 바로 다문화 정책이라고 할 수 있다. 국가적 차원의 다문화주의는 일반적으로 두 가지 의미를 갖는다. 첫 번째는 국가 목적으로서의 다문화주의로서, 국가의 정체성으로 다문화주의를 받아들이고 수용할 것인가의 문제이며, 두 번째는 수단으로서의 다문화주의로서, 다문화주의를 이룩하기 위한 구체적인 정책 Policy이나 통치Governance형태의 문제이다.[20]

다문화 정책이 수행되는 국가들의 경제, 사회, 문화적 배경이 천차만별 다르기 때문에 국가마다 각각 다른 방식으로 나타나게 된다. 그러한 다문화 공존과 사회 통합 정책으로서 다문화 정책은 Castles & Miller(2003)와 Martiniello(2002)에 의해 3가지 모형으로 유형화되어[21] 있으며 전반적으로 학계에서 그러한 이론적 분류에 수긍하는 분위기이다. 그렇다면 각 국의 이주민 수용방식의 유형을 정리해 보면 다음과 같다.

## 1) 차별적 배제 모형Differential Exclusionary Model

차별적 배제 모형은 소수 인종집단과의 접촉을 배제하거나 최소화함으로써 사회 갈등을 회피하고자 하여 이민자를 3D 직종의 노동시장과 같은 특정 경제영역에서만 받아들인다. 그리고 복지혜택, 국적·시민권, 선거권·피선거권 부여와 같은 사회적·정치적 영역에는 강력한 배제 정책을 취하는 모형이다.[22] 따라서 차별적 배제모형은 한 국가 내의 인종적 소수인은 인정하지 않고 단지 국민의 단일성을 위협하는 요인으로 소수 인종과 소수 문화를 인식하는 경향을 보인다.

결국 이러한 이 정책 모형은 인종적 소수자를 제거하거나 최소화하는 것을 정책 목표로 설정한다. 특히 이주 외국인 노동자 정책의 경우, 이주노동자를 단기간 취업시킨 후 국내의 부족한 노동력을 메우고 계약이 종료되면 다시 본국으로 귀국시키는 교체 정책순환이 이에 해당한다.[23] 이것은 이주노동자의 정주를 원칙적으로 인정하지 않는 것이며 외국인을 위한 일자리라도 일정하게 내국인과 구분되고 분리된 특정 업종에 국한시키는 것이다. 또한 우수 인력이나 결혼 이민자에 대한 선별적 이민 정책은 이주민 내 차별적 포섭과 배제의 범주로 해석되는 이러한 유형을 차별적 배제 모형이라 할 수 있다. 독일, 일본 등 단일민족 신화를 갖고 있는 국가는 물론 동화주의 모형과 다문화주의 모형을 채택하고 있는 국가에서도 생산기능직 등 특정 유형의 이민자들에게는 차별배제 모형을 적용하고 있다. 이러한 이유로 한국도 역시 차별배제 모형에 속한다고 볼 수 있다.

## 2) 동화주의 모형Assimilationist Model

동화주의 모형은 주류 문화를 통한 사회 통합을 목표로 하여 이민자가 출신국의 언어와 문화, 사회적 특성을 완전히 포기하여 주류 사회의 구성원들과 차이가 없게 되는 것을 이상으로 삼는다.[24] 각 문화를 존중하고 고유한 가치를 인정하여 문화 간의 우월 관계를 부정하는 것이 아니라, 강한 문화가 약한 문화를 흡수하는 것을 목표로 설정한다. 즉, 한 국가 내에 공존하는 주류 문화와 비주류 문화 중에서 주류 문화를 통한 사회 통합을 그 목표로 하는 것이며, 소수 인종, 이민자, 외국인 노동자 집단이 이주한 지역의 주류 문화에 동화되는 것을 정책적으로 추진한다. 다시 말하면 이주자의 문화적 동화를 조건으로 '국민'으로 합류하는 것을 허용하는 정책이다. 이때 동화에 대한 선택은 개인의 문제로 치부된다. 따라서 국가는 이들 소수집단에게 사회 적응을 위한 정책을 제시하지 않는다. 물론 소수 다문화 이주자들에게 그들 나름의 문화를 포기할 것도 강요하지 않는다. 이것은 소수 인종이 언젠가는 다수를 점하는 주류 문화 속으로 융화될 것이라는 긍정적인 예측을 가지고 있기 때문에 가능한 것이다.

결국 소수 다문화 구성원들이 다수 집단이라는 커다란 사회 속으로 융해되는 것을 의미하는데, 이 과정에서 문화적·사회적 적응을 목표로 하기 때문에 소수의 다문화 이주자들은 자신의 정체성을 잃게 되고, 사회의 주류에 의해 정의된 다수문화에 적합한 형태로 융해되어 바뀌는 것이다. 동화주의를 채택한 국가에서는 편의상 이민을 받아들이지만, 출신국의 고유문화를 탈피해 문화적으로 거주국 현지 사회에 적응해야 함을 강조하고 있다. 이 모형에서 국가정책은 문화적 적응과 정체성의 전이가 용이하도록 지원하지만, 소수 문화 고유의 전통을 지키기 위한 법적, 제도적, 재정적 지원은 하지 않는다. 이민자는 주류 사회의 용광로에서 출신국가의 고유성을 잃고, 단일한 성격의 국민으로 용해되어야 한다. 과거 미국의 용광로 정책 모형, 현재의 프랑스의 공화주의 사회가 대표적인 동화주의 다문화 정책 사례이다.

## 3) 다문화주의 모형Multicultural Model

다문화주의 모형은 주류 문화뿐만이 아닌 다양한 문화가 공존하는 가운데 집단 간 상호 존중의 질서가 자리 잡도록 하는 것을 정책 목표로 한다. 이민자가 자신들의 문화를 지켜나가는 것을 인정하고 장려하여 정책 목표를 주류 사회로, 소수민족 집단의 동화가 아닌 공존Symbiosis에 둔다.[25] 이러한 다문화주의는 한 국가 혹은 사회 내에서 여러 가지 문화가 함께 존재하는 것으로써 문화적 다양성과 특수성을 논의할 때 사용되는 개념으로 다수 집단의 정체성과 이에 포함되지 않는 다른 소수집단의 정체성 간의 공존을 의미한다. 다문화주의는 다수 속에서 소수의 특수한 권리를 인정하고 이들의 예외성을 권리로서 받아들인다.

이 모형은 다른 집단의 문화와 언어뿐만 아니라 소수 이주 집단의 정체성을 인정함으로써 사회분열과 갈등을 예방하려는 정책이며 다양성에 바탕을 둔 국민통합 정책이라고 말할 수 있다. 따라서 흔히 '샐러드 그릇Salad bowl'에 비유한다. 샐러드는 각종 채소와 과일들이 하나의 드레싱에 의해 골고루 혼합되어 있는 것이기 때문이다. 또한 이민자들이 출신국에 따른 특성을 간직하면서 전체 사회를 조화롭게 구성한다는 의미에서 '종족적 모자이크Ethnic mosaic'로 불리우기도 하며 무지개가 서로 다른 색들의 수평적 공존을 통해 아름다운 조화를 만들어내는 것을 빗대어 '무지개 연합Rainbow coalition'으로 나타내기도 한다. 동화주의 모형과 차별·배제모형은 다문화·다인종 사회에 적합하지 않은 것으로 비판 받으면서 다문화주의 모형이 등장하였다. 다문화주의는 동화주의가 사회 통합보다는 종족 간, 민족 간 갈등의 원인이 된다고 보고 이에 대한 대안적 방식으로 나타난 것이다. 이것은 다양한 문화와 인종으로 구성된 국가의 복잡한 상황에 대하여 사회적으로 어떻게 통합할 것인가라는 필요성에서 대두되었다고 볼 수 있다.

다문화주의의 주요 정책은 문화적 이질성, 즉 다른 문화를 인정하고 보호하기 위한 것으로 다문화 이주자들의 자존감을 높여 주류 사회에 대한 적응력을 높이고 의욕을 유발한다. 즉, 다문화주의 정책 모형은 다문화 이주자 및 그 이주자들의 문화에 대한 정체성 차별을 금지하고, 피차별자가 경쟁상 불리한 점을 인정하고, 재정적 법적 원조를 인정한다. 현재 다문화주의 모형의 이주민 정책을 시행하고 있는 세계적 국가로는 캐나다와 미국, 호주 등이 있다. 캐나다는 역사 문화적 배경이 상이한 이민 집단으로 구성되었으나, 고유의 문화에 대한 다양성을 인정하고 사회 통합을 도모하여 적극적이고 포괄적이며 전형적인 다문화주의를 실현하고 있다. 호주와 미국은 캐나다의 다문화주의 모델 사례를 벤치마킹하여 다양한 문화를 인정하는 다문화주의 정책을 시작했다. 물론 이러한 국가들이 전무 이민 통합 정책으로서의 다문화주의 모형에 속하지만 국가에 따라 그 구체적 내용에는 차이가 있다.

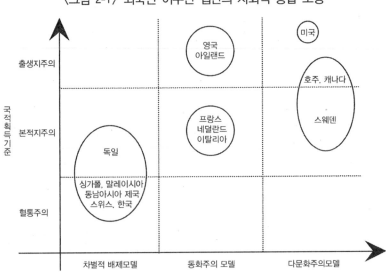

〈그림 2-1〉 외국인 이주민 집단의 사회적 통합 모형

위의 〈그림 2-1〉은 다문화주의 정책 모형을 좀 더 일목요연하게 보여 준다.[26] 위에서 언급한 세 가지의 다문화 정책을 두 가지 기준에 의해 설정하여 도표화하였는데, 첫째 기준은 국적 획득 기준이며, 둘째 기준은 외국인 거주자의 사회적 통합 방법이다. 우측 상향으로 갈수록 '다수 속에서 소수의 특수한 권리가 인정되고 소수의 예외성을 권리로서 받아들일 수 있는 사회적 분위기가 갖추어진 다문화주의정책'이 구현되고 있는 국가들로 분류된다.

그러나 이런 외국인 이주민에 대한 사회적 통합 모형이 사회 진화론적 관점에서 시대별로 긍정적으로 다문화주의 모델로 발전한다는 의미로 받아들여질 수는 없을 것 같다. 이것은 최근 세계 각국의 형편에 따라 이민자 문제 해결의 사회적 비용을 구실로 차별적 배제 정책도 동시에 시행되고 있음이 보고되고 있기 때문이다. 예를 들어 프랑스나 오스트레일리아 등 다문화 정책의 선진화를 이루었던 몇몇 국가에서 문화집단 간의 갈등이 표출되면서 지금까지 유효했던 다문화 정책에 대한 수정이 가해지고 있고, 호주의 경우에도 2007년 1월 23일 하워드 총리가 공식적으로 다문화주의를 철폐한다는 충격적인 선언을 한 바 있다.

이에 따라 각국은 이민자의 선택적 배제를 위한 다양한 정책을 펼치고 있다. 불법이민과 국익에 해가 되는 사람들의 유입을 차단하기 위한 인구 이동 정보의 수집과 분석, 그리고 국가 간의 협력을 강화하고 있으며 이와 더불어 이민자의 유입에 따른 사회적 갈등을 최소화하기 위하여 이민자들에게 언어와 문화 등에 관한 교육 이수를 의무화하는 강제 규정을 시행하고 있다. 이는 다분히 중앙 통제형 사회 통합 정책이라고 보인다.[27] 이와 같이 다문화 정책이 다문화주의라는 이념적 취지보다는 현실의 여러 가지 사정을 감안하여 추진되기 때문에 정책 자체만으로는 이론적인 다문화주의 현실과 많은 괴리를 보일 수밖에 없다.

# 주

1) '문화' 자체의 개념을 어떻게 정의하느냐에 따라 다문화와 다문화주의 개념에 접근방법이 달라진다. '문화'를 단순히 생활양식이라고 볼 경우, 다문화주의는 기술적 descriptive 의미의 다문화를 뜻하는 것으로 한정하게 되며, 다문화주의가 가진 여러 가지 복합적인 속성을 드러내기에는 한계가 있게 된다. 하지만 다문화주의에서 쟁점이 되는 '문화'는 '단순히 개인 기호에 따라 선택하게 되는 생활양식'이 아니라 '정체성의 표현'으로서의 문화를 의미한다(박진경, 「다문화사회 또는 지역 불균등; 한국 다문화정책의 특성과 발전방향-다문화정책 모형이론을 중심으로-」, 『하계학술대회』 2호, 한국정책학회, 2010, 167쪽).

2) 박이문, 『문화 다원주의』, 서울: 철학과 현실, 2002, 35쪽.

3) 한경구·한건수, 「한국적 다문화 사회의 이상과 현실 : 순혈주의와 문명론적 차별을 넘어, 한국적 다문화주의의 이론화」, 한국 사회학회, 2007, 70쪽.

4) '다문화'가 다양한 의미로 정의되듯이, '다문화 사회' 역시 그러하다. '다문화 사회'라는 말을 인구 현상적 차원에서 정의하면 한 사회 내 장기 거주 외국인이 증가하여 인종이 다양해지는 것을 의미한다. 반면, 다른 신념과 습관을 가진 잘 조직화된 공동체들이 다양하게 존재하는 경우로 두 개 이상의 문화공동체가 있는 사회도 다문화 사회라고 주장할 수 있다.

5) 조석주·이상묵, 「지방자치단체의 결혼 이민자 지원정책 개선방안」, 『한국지방행정연구원 연구보고서』 411, 2008, 1~194쪽.

6) Alexander. J, "Theorizing the 'Modes of Incorpotation': Assimilation, Hyphenatio, and Multiculturalism as Varieties of Civil Paricipation", *Sociological Theory* 19(3), 2001, p.237.

7) Taylor, C., *Multiculturalism and 'The Politics of Recognition*, Princeton, NJ: Princeton University Press, 1992.

8) Justin Healey, "Multiculturalism in Australia", *Issues in Society* vol.214, 2005, p.2.

9) Troper, H, "Multiculturalism" in Paul Robert Magocsci(ed.), *Encyclopedia of Canada' People*, Toronto: University of Toronto Press, 1999, p.30.

10) Vertovec, S., "Multiculturalism, culturalism and public incorporation", *Ethnic and Racial Studies* 19(1), pp.222~242.

11) 김성곤, 「다문화주의와 인문학 교육의 미래」, 『철학과 현실』 52, 2002, 39~51쪽.

12) 박이문, 『문화 다원주의』, 31쪽.

13) 구견서, 「다문화주의의 이론적 체계」, 3쪽.

14) 이현송, 『미국 문화의 기초』, 파주: 한울, 2006, 305쪽.

15) 구견서, 「다문화주의의 이론적 체계」, 30쪽.

16) 윤인진,「한국적 다문화주의의 전개와 특성 : 국가와 시민사회의 관계를 중심으로」, 72쪽.

17) Taylor, C., *Multiculturalism and The politics of Recognition.*

18) Tropper, H., *Theoring multicultrualism: A Guide to the Current Debate*, New York: Blackwell, 1999.

19) 오경석,「다문화와 민족 국가 : 상대화인가, 재동원인가」,『공간과 사회』제28집, 2007, 98~121쪽.

20) 한승준,「우리나라 다문화 정책의 거버넌스 분석」,『2008 추계학술대회 논문집』, 한국행정학회, 2008, 71쪽.

21) Castles & Miller, *Age of Migration, Third Edition: International Population Movements in the Modern World,* New York : Guilford Publication. 2003, pp.171~201.

22) 설동훈,「한국의 외국인 노동운동 1993-2004 : 이주노동자의 저항의 기록」,『한국의 소수자, 실태와 전망』, 한울, 2004, 469-487쪽.

23) Marco Martiniello, Sortir Des Ghetos Culturels, 윤진 역,『현대사회와 다문화주의』, 서울: 한울, 2002, 26~38쪽.

24) 설동훈.「한국의 외국인 노동운동 1993-2004 : 이주노동자의 저항의 기록」, 469~487쪽.

25) 설동훈.「한국의 외국인 노동운동 1993-2004 : 이주노동자의 저항의 기록」, 469~487쪽 참조.

26) 홍기원,「다문화 사회의 정책과제와 방향 : 문화정책의 역할과 과제」,『한국행정학회 2007년도 동계 학술대회 발표집』, 2007.

27) 조현상,「한국 다문화주의의 특징과 정책방향에 관한 연구」, 43~44쪽.

# 3 디아스포라와 다문화주의

디아스포라와 다문화주의가 어떠한 관계를 갖고 있으며, 다문화주의에 대한 개념이 디아스포라 집단에 어떠한 의미를 줄 수 있는가에 관한 문제는 현재 아주 시의적인 논제가 되고 있다. 오늘날 민족국가들의 디아스포라는 초국가주의 현상으로 발생, 형성되고 있다. 또한 그러한 초국가주의 현상과 더불어 글로벌화와 로컬화의 현상인 차이와 다양성으로 인하여 다문화주의가 형성되고 있다고 할 수 있다. 다문화주의는 포스트모더니즘에 대한 관심의 고조와 민주주의 확산과 다양한 인종의 정체성이 얽혀 있는 국가에서 국민통합 이념으로서 그 필요성이 지적되며 출현했기에 다문화주의는 다원주의Pluralism[1) 의미에서 다차원적으로 이해될 수 있으나 분명 차이가 있다.

문화 다원주의는 문화의 다양성, 다원성을 인정하면서도 그 중심에는 주류 사회의 문화가 존재함을 전제로 한다. 하지만 다문화주의는 주류 사회의 존재를 인정하지 않고, 다양한 문화가 평등하게 인정되어야 함을 강조한다. 문화 다원주의는 주류의 사회와 문화를 인정하고 문화적 다원성을 수용하는 것이고, 다문화주의는 주류 사회와 소수민족사회 및 이민자 모두 동등한 자격으로 평등하게 인정하는 것이다. 실제 사례를 예로 들면, 미국의 경우 국가는 문화 다원주의를 사회 통합의 원리로 적용하고, 캐나다, 호주에서는 다문화주의를 사회 통합의 이념으로 추구하고 있다. 다시 말해 미국은 소수민족과 이민자들이 고유문화를 유지하도록 지원하는데 아무런 역할도 수행하지 않고 자유방임으로 일관하고 있으며, 캐나다, 호주에서는 국가가 적극적으로 개입되어 소수민족과 이민자의 고유문화를 발전시키는데 도움을 주고 있다.[2]

위에서 정리한 정의와 이론들을 다시 돌이켜보면 다문화주의는 사회 통합적 측면에서 오늘 날 초국가주의, 글로벌화 현상으로 생기는 디아스포라 문제에 대해 매우 중요한 해결 고리를 제공해 주고 있다. 다양한 인종, 민족들이 모국을 떠나 유입국 영역에 들어옴으로써 거주국의 다문화 사회라는 사회적인 현상을 초래하게 된다. 글로벌화에 의한 다문화주의는 본국과 거주국에서 모순적 위치로 인해 수용과 차별을 동시에 경험하는 '디아스포라적 위치' 현상이며, 또 하나는 전 지구적 인구 이동에 대한 재인식으로 보고 있다. 이러한 관점은 단순히 이민이나 인구 이동의 관점에서 송출국과 수용국 양자 간의 관계에 한정하지 않고 전 지구적 차원에서 이루어진 인구 이동 현상과 관련시켜 설명할 수 있기 때문이다.[3]

그동안 글로벌화에 의한 디아스포라와 이로 인한 다문화주의 사회로의 진입과 변화에 대한 학문적 관심은 주로 문화인류학적, 사회학적인 시각에서 디아스포라들의 거주국 사회 내에서 '소수자적 지위'에 주목해 왔다. 이러한 '소수자적 지위'에 대한 논의를 경험하고 있다는 점에서 다문화 사회에서 디아스포라 집단은 결정적인 문제 해결의 고리로서 의미를 갖는다. 다문화주의는 디아스포라가 거주국에서 겪는 차별과 억압 문제에 있어서 소수자의 문화적 지위를 옹호하고 기존의 보편적 인권과 사회적·정치적·경제적 권리와 지위를 보호하고자 한다는 점에서 유효하다. 결국 다문화 사회에서 디아스포라의 의미는 전통적 의미로서의 이민사, 지구적 인구 이동뿐만 아니라 인종·종족 갈등과 소외, 차별과 배제, 불평등과 같은 다양한 문제를 내포하고 있다.

# 주

1) '다원주의Pluralism'에 관한 논의는 김비환, 「포스트모던 시대에 있어 합리성, 다문화주의 그리고 정치」, 『사회과학』 Vol.35, No.1, 1996, 205~206쪽 참조.

2) 송종호, 「단일민족 환상 깨고 다문화주의로의 전환시대」, 『민족연구』 30, 2007, 106~107쪽.

3) 임채완·전형권, 『재외한인과 글로벌네트워크』, 한울아카데미, 2006, 88~92쪽 참조.

# 제3장
# 한국의 다문화 사회 형성과 다문화 정책

# 1 한국의 다문화 사회 형성

## 1 ▌ 인구학적 다문화 사회 형성

　다문화 사회의 형성 과정은 두 가지 경우로 구분해 볼 수 있다. 첫 번째로 미국과 캐나다처럼 국가 출범 단계에서부터 다양한 민족과 문화가 어우러져 국가를 이루게 되는 경우와, 두 번째로 영국과 프랑스, 독일처럼 자본주의의 발달과 세계화에 따른 외국인 노동자의 유입으로 인해 타국의 문화적 요소가 유입되는 경우이다. 한국의 경우는 후자에 속한다고 볼 수 있다. 지금 세계는 산업화와 신자유주의 시장경제의 파급 영향으로 세계화Globalization와 초국가주의 열기가 커지고 있다. 자본과 물자 그리고 인적 교류들이 활발하게 이루어지면서 자유롭게 국경을 넘나들고 이른바 국경 없는 지구촌 시대가 전개되고 있다. 한국 역시 세계화의 진행과 함께 경제적 위상이 높아지면서 전통적으로 동질적인 문화를 유지해 오다가 점차 다민족·다문화 사회로 변화되고 있다.

한국은 1988년 서울올림픽을 기점으로 다문화 사회의 특징이 나타나게 된다고 볼 수 있으며[1] 본격적으로 다문화 사회를 경험하게 된 것은 1990년대 이후부터라고 볼 수 있다. 1992년 김영삼 정부의 '세계화' 선언 이후 자본시장과 노동시장에 대한 개방이 시작되었으며 오랫동안 유지되어 왔던 한국의 동일 문화적인 사회가 다양한 외국인의 유입으로 인해 새로운 차원의 다문화 사회를 경험하게 된 것이다.[2] 특히 2000년대에 들어서면서 다문화주의 또는 다문화 사회에 대한 관심이 크게 증가하게 되는데 이는 외국인 노동자, 결혼 이주민 및 다문화 가족 자녀, 재외동포, 외국인 유학생, 새터민,[3] 난민 등 다양한 목적의 체류 외국인 유입이 증가하면서 한국 사회가 인종적, 문화적으로 다양성이 증가한 현상을 보여 준다.

이러한 인종적, 문화적 다양성을 바탕으로 한 다문화 현상은 사실 그 이전에도 존재해 왔었다.[4] 고려시대에는 그 어느 때보다 중국인, 위구르인, 아랍인들을 비롯해 많은 외국 출신 귀화인들이 다양한 외국 문화를 전수하며 개성開城에서 장기 거주했으며 외국인과 관련된 의식이 거행될 정도로 다문화 사회였다. 조선시대에도 왜관倭館 등 지역에 외국인 거소지가 세워질 정도로 많은 외국인들이 거주하며 그 지역이 설정하는 다문화 정책 속에서 정착하며 살아갔다. 또한 구한말에는 중국 산둥 지역을 중심으로 많은 중국인들이 인천 등 개항 지역에 자리를 잡고 무역을 비롯해 그들의 음식문화도 만들어 내며 살았다. 일제 시대에는 일본총독부의 정책의 일환으로 많은 일본인들이 대거 넘어와 살았고, 한국전쟁 이후에는 주한 미군이 주둔한 지역을 중심으로 주한 미군의 군속軍屬들과 국제결혼을 통한 1세대 혼혈아들이 주둔지를 중심으로 거주해 왔다. 비록 1980년대 미국의 주한미군 자녀 혼혈1세대에 대한 입국과 시민권을 허용하면서 대거 감소하긴 했지만, 통일교 등 특정 종교를 중심으로 국제결혼(일본인과의 국제결혼)과 활발한 경제 교류로 외국기업 주재원과 외국인 유학생 등 다문화적 요소는 점점 더 강화되어 왔다.

이미 국내에서 체류하는 외국인 중 장기 체류를 목적으로 거주 등록을 한 인구가 76.6% 수준에 달하고 있다.[5] 이러한 체류 외국인의 대폭 증가는 주로 중소기업 노동력 부족에 따른 외국인 근로자 유입, 국제결혼 증가, 해외 동포에 대한 입국 문호 확대, 한국 대학들의 외국인 유학생 유치 등 결과에 기인한 것으로 분석되고 있다.

〈그림 3-1〉 한국 체류 외국인 증감추이

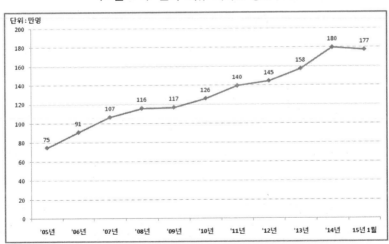

출처: 출입국 외국인 정책본부, 「2014년 출입국·외국인 정책 통계연감」, 2014.

2014년 12월 말 기준 한국 내 체류 외국인 인구는 총 179만 7,618명으로 관광이나 단기 체류가 아닌 장기 체류 거소 등록[6]을 한 외국인 거주자만 해도 137만 7,945명으로 통계되어 한국 전체 총 인구의 2.73%를 차지했다. 체류 자격별로는 외국인 근로자가 61만 8,516명으로 약 전체 장기 체류 외국인의 44.8%를 차지하며, 국제결혼 이민 및 혼인 귀화자가 18.3%, 다문화 가족 자녀 14.8%, 외국인 유학생 6.27% 순으로 구성되었다.

한국 사회의 저출산 및 고령화 현상을 비롯한 인구 구조적 문제 역시 체류 외국인들의 증가에 간접적인 요인으로 작용하고 있다고 볼 수 있다. 현재 한국은 저출산 및 고령화 문제가 매우 심각한 실정이다. 한국의 15세~64세의 생산 가능인구 비중은 2016년 이후 하락세로 전환될 전망이며, 핵심 취업 연령인 25세~54세 인구는 2010년부터 감소하기 시작해 2050년경에는 현재의 절반인 1,300만 명 수준으로 감소할 전망이다.[7] 이로 인하여 노동력 감소 문제를 해소하고 안정적인 경제 성장을 유지하기 위해서는 외국인 노동력 유입이 불가피한 실정이다. 저출산 또한 심각한 수준이다. 출산율이 획기적으로 올라가는 혁명이 일어나지 않는 한 장기적으로 보면 한국의 미래는 다문화 가족이나 외국인 이민자에 달려 있다 해도 과언이 아닐 정도이다. 이제 이민이 백년대계인 시대가 다가오고 있으며[8] 이주 인구 유입 현상 역시 일시적인 현상이 아닌 구조적인 문제로, 장기적인 추세로 정착될 것으로 전망된다. 이러한 현상은 이른바 다문화 사회에 대한 접근이 전 사회 모든 구성원들에게 있어 직면한 사실이고 다문화 현상에 대한 의식을 제고할 시점이 대두되었음을 시사한다.

## 2 ▌ 다문화주의 담론의 형성

앞에서 본 바와 같이 한국은 외국인 인구의 큰 폭의 증가에도 불구하고 아직까지는 서구 선진 다문화 국가들에 비해 외국인 인구 비율이 많은 편은 아니다. 그럼에도 외국인 거주자들이 늘어나면서 한국 내 인구학적 변동을 가져오며 의사소통 문제, 인권 문제, 교육 문제, 사회복지 문제 등 많은 문제점들이 사회적 이슈로 자리 잡으며 관심을 끌게 되었다. 한국의 경우, 미국이나 호주와 같은 이민자들이 국민의 상당수를 차지하는 전형적인 다문화 국가가 아니기 때문에 이러한 다문화 이주민 집단에 대한 정치적, 철학적, 정책적 논의의 배경이나 역사가 거의 없다고 해도 과언이 아니다. 이러한 상황에서 급격한 다문화 사회 변화로 인한 다양한 인종의 유입은 정치·경제·사회·문화 전반에 걸쳐 이전에는 존재하지 않았던 새로운 종류의 문제들을 야기시켰고, 이에 따른 해결책으로써 선택적으로 수용된 것이 '다문화주의'인 것이다.

특히 이주노동자[9]와 결혼 이주 여성들의 한국 사회로의 유입은 민족과 문화를 동일시하던 한국 국민들의 전통적인 가치관의 수정을 요구하게 되었다.[10] 따라서 다문화주의 담론에 대한 범람은 쉽게 예상할 수 있었다. 특히 장기 체류 외국인 중에서도 결혼 이주자들의 본격적 유입되기 이전 한국의 외국인 정책은 주로 이주노동자들을 대상으로 하는 외국인 인력 관리 차원에 머물러 있었다. 이주노동자는 한국 사회에 정착할 이주민이 아닌 방문 노동자Guest worker였기 때문에 그들의 출입국과 노동을 관리, 감독할 몇몇 부처의 소관일 뿐이었으며 한국 정부는 이러한 문제들이 한국 사회 전반의 문제가 아니라 일부 노동 현장에 국한된 외국인들만의 문제로 간주해 왔다. 그러던 한국 정부의 외국 이주민 정책에 결정적으로 변화를 가져온 것은 국제결혼을 통한 결혼 이민자들의 유입이 본격화되면서부터라고 할 수 있다.

줄곧 한시적인 방문 체류 집단으로만 생각되었던 외국인들이 이제는 본격적으로 영속적으로 한국에서 정착하여 살아가야 할 주체가 될 수 있다는 것에 대한 현실을 인정하지 않을 수 없게 된 것이다. 특히 결혼 이민자들이 외국인임에도 '한국 국민의 배우자'로서 체류 자격을 얻어 한국 사회에 정착한 후 영주를 목적으로 거류하거나 귀화를 통해 한국인 구성원이 되기 때문에 기존의 외국인 정책으로는 이러한 새로운 이민 자유입의 상황에 대처할 수 없게 됐다. 정부는 범정부적 차원에서 '다문화 현상'에 대해 수용하기 시작한 것이다. 이러한 현실을 반영한 담론으로서 다문화 사회에 대한 다문화주의적 논의는 한국 정부로 하여금 새로운 외국인 정책의 패러다임의 변화에 압력을 가하고 있다. 이에 따라 '다문화 사회', '다문화 가족', '다문화 정책', '다문화 교육', '다문화 장병'[11] 등을 비롯한 '다문화'와 관련된 용어들이 폭발적으로 증가하게 되었다. 또한 무성한 다문화 관련 담론만큼이나 다문화에 대한 사회 각계의 이론적·학문적 접근이 병행되어 지고 있는 실정이다.

한국에서 다문화 담론이 대중적으로 부상하게 된 계기는 우선 한국 내 체류 외국인이 많아졌다는 인구 통계적 사실과 무관하지 않다. 비록 현재 결혼 이민자 및 그 자녀가 한국의 다문화 담론의 주체 대상으로 부상하고 있지만, 한국 사회에 다문화 사회의 이상을 확신시키는데 결정적인 기여를 한 사건은 따로 있다. 한국인 어머니와 흑인 아버지 사이에서 태어난 미국 프로 풋볼(NFL) 스타 하인스 워드 Hines ward의 방한이 바로 그것이다. 그의 방한은 한국 사회의 소수자 차별에 대한 한국의 반성을 불러일으킬 정도였다. 그동안 미군 병사를 아버지로 둔 혼혈인 1세대들은 오랜 기간 기지촌의 부정적 이미지와 함께 한국 사회에서는 부끄럽고 감추어야 할 대상으로 존재했다. 국가가 그들을 위해 마련한 정책은 그들의 존재를 지우기 위한 해외입양 알선이었으며, 국내에 남겨진 혼혈인들은 숨어서 소외된 삶을 살아야 했다. 그러던 중 1982년 미국이 특별이민법을 통과시키며 한국의 미군 혼혈인들을 이주시킴으로써 국내 혼혈인들은 점점 사회적 관심에서 사라졌다. 그러한 상황에서 홀로 미국에서 성공한 하인스 워드가 어머니와 함께 방한을 한 계기는 한국 사회가 체계적으로 은폐하고 망각해 온 역사적 사실을 부끄러운 기억으로 되살려내게 된 것이다.

한국을 떠난 후 한 번도 고국을 찾지 않았던 그의 어머니야말로 한국 사회의 차별과 편견이 얼마나 심했는지를 단적으로 보여 주는 반증이기도 했다. 그의 방한은 한국 사회에서 경험했던 차별과 편견을 과거가 아닌 오늘의 문제로 제기한 것으로 과거의 기억을 현재이주민의 정착 현실에 연결시켜 준 것이다.[12] 하인스 워드 방한을 계기로 2006년 한국 정부는 범정부 차원에서 결혼 이민자와 그 가족에 대한 정책의 전환에 대한 대책이 논의되면서 현재의 다문화 정책들이 봇물처럼 터져 나왔고, 언론과 시민사회에서도 역시 다문화 사회와 관련된 각종 계몽성 홍보를 강화하자 한국 사회는 한순간에 다문화주의적 가치를 정치적 올바른Politically Correct[13] 것으로 수용해 버렸다. 현재 한국에서 다문화주의 담론을 주도하는 집단으로는 정부, 학계, 시민단체, 언론 등을 꼽을 수 있다. 물론 이러한 집단들 간에 학리적이고 실질적인 입장의 차이로 인해 '다문화'에 대한 각기 다른 파편적인 주장이 있을 수 있지만 이들의 다문화 담론에 대한 역할과 해석은 크게 차이가 없어 보인다.[14] 즉, 공통된 점이 바로 이러한 집단들 모두 한국의 다문화성에 대한 논의에 있어 "한국은 이미 다문화 사회이다."라는 기본 전제에 동의한다는 것이다.

현재 한국 사회의 다문화주의 담론에 대한 대부분의 논의들은 실제로는 다문화 사회의 본질적인 내용이나 이론적 성격에 관한 논의보다는 결혼 이민자와 같이 제한된 범주를 대상으로 사회 통합을 이룰 수 있는 방법론을 모색하는데 치중하고 있으며, 한국 정부를 통한 다문화주의 담론의 수용은 다문화주의에 대한 정치철학적 논의나 정당성에 대한 충분한 학문적 논의가 거의 없이 이루어지고 있다는 학계의 비판의 목소리도 크다.[15] 때문에 결국 한국의 다문화 정책은 사회 통합 정책으로서의 성격이 강할 수 있으며, 현실적인 실질적 필요에 의해 급하게 수입된 특징이 있기 때문에 정책적인 측면에서 다인종·다문화적 배경을 적극적으로 인정하고 이를 승인하는 성격의 정책이 아니라, 일단 한국 사회에 잘 적응하도록 포섭하여 '지원'하는 형태를 띠는 것이 특징이라고 할 수 있다.

물론 이러한 다문화주의 담론의 형성은 외국인들에 대한 사회적 차별적 처우를 이슈화시키는 성과는 얻었다. 하지만 외국인들은 다문화주의 담론 속에 오히려 더 '타자화'되거나 '시혜의 대상'으로 각인되었으며 수동적으로 보호가 필요한 집단일 뿐 한국 사회를 구성하는 주체적인 다문화 집단의 하나로 인정받지는 못했다. 그들에 대한 인권이나 처우개선 등에 우선적인 초점이 맞춰져 실제 '다문화주의'의 논의 주제인 '다문화성'을 중심으로 끌어내는 것까진 미치지 못했다.

# 주

1) 한국 국민들의 해외여행은 1989년 1월 1일부터 전면 자유화되기 시작하였으며, 그 이전에는 일반 국민들의 여행을 목적으로 하는 출국은 법적으로 허용되지 않았었다.

2) 이러한 다문화적인 사회로 전환과정에는 몇 가지 중요한 요인이 있다. ① 해외 자본과 이주 노동력의 유입 ② 1980년대 후반에 추진된 북방정책으로 중국 동포 고국 방문 증가 ③ 국제결혼으로 인한 결혼 이주 여성 증가 등으로 그 요인들을 정리할 수 있다.

3) 탈북 이주민에 대한 새로운 대체 용어이다. '새로운 터전에서 삶의 희망을 갖고 사는 사람'이라는 뜻의 이름으로 기존의 탈북자가 갖는 부정적인 이미지에서 벗어났다. 2011년 통일부 내부행정자료 통계를 보면 1999년 100명을 시작으로 2010년 12월까지 총 2만 407명의 새터민들이 한국으로 입국하였고 향후 규모 역시 꾸준히 지속적으로 증가할 것으로 예측했다.

4) 국회. 「2009년 국회다문화포럼 발족식 및 창립세미나」, 2009, 발제자료 발취 정리.

5) 출입국 외국인 정책본부, 「2014년 출입국·외국인 정책 통계연감」 2014, 참조 정리.

6) 출입국 외국인 정책본부의 외국인 관련 통계 자료에 따르면 외국인 체류는 그 기간에 따라 단기 체류, 장기 체류, 영주로 구분한다. 체류 기간이 90일 이하이면 단기 체류로 외국인 등록 또는 국내 거소 신고를 할 필요가 없으며 장기 체류와 영주의 경우 반드시 입국일로부터 90일 이내에 외국인 거소 등록을 해야 한다.

7) 강성원, 「저출산 극복을 위한 긴급 제언」, 『CEO Information』 752호, 삼성경제연구소, 2010.

8) 송종호, 「단일민족환상 깨고 다문화주의로의 전환시대」, 90~125쪽에 의하면 현재 한국의 단기 체류 외국인을 포함한 전체 외국인 체류자가 국내 주민등록 인구에서 차지하는 비중 변화 추세를 보면 2011년에는 약 2.8%, 2020년에는 5%, 2050년에는 9.2%로 증가할 것으로 추산되어 전형적인 이민 사회로 분류되는 외국인 이주민 10% 시대가 얼마 남지 않았다고 보고하고 있다.

9) 법무부 외국인 정책본부 통계 자료를 보면 1987년 외국인 이주노동자 수는 6,409명에서 1992년에는 7만 3,868명으로, 1997년에는 26만 6,301명에서 2012년에는 59만 5,098명으로 가파르게 증가했다.

10) 한건수·한경구, 「다문화주의를 넘어서 문화다양성과 국제이해교육으로」, 『국제이해교육연구』 Vol.6, No.1, 한국국제이해교육학회, 2011, 21~22쪽.

11) 병무청은 그동안 외관상 식별이 명백한 혼혈인에 대해 제2국민역에 편입한다는 별개의 조항(65조 1항)을 뒀었지만 이 조항은 2009년 12월 개정안으로 삭제되었으며 "다문화시대에 걸맞게 병역의무 및 병역지원은 인종 피부색 등을 이유로 차별해서는 아니된다."는 제3조 3항의 기본원칙을 재정했다. 또한 2012년 2월 대통령령 '군인복무규율' 제5조에 명시된 병사 입영선서와 장교 임관선서에서 '민족'이란 단어를 '국민'으로 대

체 했다. 국방부는 또 다문화 가족 출신의 징병검사 대상자가 늘어나는 추세를 감안하여 다문화 장병의 범주에 외국인 귀화자, 국외 영주권 입영 장병, 결혼 이민자, 새터민 가족 출신 장병 등을 포함시켜 놓았다. 실제 국방부가 파악한 다문화 가정 자녀에 대한 통계에 따르면 군 복무가 다가오는 16~18세 사이의 다문화 가족 자녀(남학생)은 4천 명에 이른다고 한다(군인사법 [제47조 2항] 군인복무 규율, 대통령령 제23625호. 2012.02.22. 개정안 참조 정리).

12) 한건수·한경구, 「다문화주의를 넘어서 문화다양성과 국제이해교육으로」, 25쪽.

13) 본 연구는 한국 사회의 '다문화주의'에 관한 담론 형성의 주체를 '한국 정부'로 보았으며, 다문화주의가 현실적으로 구체화되는 장이 바로 정부의 '정책'이라고 본다. 따라 한국 정부에서 보이는 '다문화 사회'와 '다문화 정책'에 대한 입장이 어떠한지를 통해 한국 사회가 어떠한 성격의 다문화 사회로 구성해 나가고자 하는지 그 의도를 알 수 있을 것이며, 현재 한국형 다문화 정책의 특성을 도출해 낼 수 있을 것이다.

14) 조현상, 「결혼이주여성 노동력 활용 방안에 관한 연구」, 『학술논문집』 Vol.42, 원광대학교 대학원, 2009, 62쪽.

15) 오경석 외 『한국에서의 다문화주의 : 현실과 쟁점』 및 임형백, 「한국의 다문화 사회의 특징과 사회 통합을 위한 다층적 접근」, 『한국 사회학회 사회학대회 논문집』 6, 593~609쪽, 2009 등은 한국에 체류하는 외국인들이 수적 규모가 2007년을 기준으로 100만 명을 넘어섰음에도 불구하고, 이 중 영주 체류 자격을 가진 사회구성원은 2만 명에도 미치지 못한다고 보고하며, 외국인에 관한 문제가 사회적 이슈와 정책 의제로 선정되기 위해서는 100만 명이라는 외국인 존재와 수적 규모를 수단으로, 실제 정책의제 선정과 채택 단계에서는 결혼 이민자를 중심으로 하는 배타적 전략적 사고를 하게 된다고 분석하고 있다.

# 2 한국 다문화 정책 및 내용 분석

## 1 ▌ 다문화 정책의 형성

한국의 외국인 관리 정책은 통제 관리 중심의 정책 기조를 유지하고 있다. 그동안 한국에서의 다문화주의는 민족주의적, 정서적, 국가적으로 거론하기 어려운 사안이었고, 전체 인구 대비 비율이 미미한 정도인데다 대부분 외국인 분포가 수도권 등 특정 지역에 국한되어 있는 점을 감안할 때 단편적인 접근이나 문제가 발생되어서야 대응을 하는 사후관리식의 정책대안을 관련 부처별로 수행해 왔다. 하지만 세계화·지구화라는 환경 변화 속에서 체류 외국인의 급속한 증가와 해외 인재와 자본을 국가 발전에 활용하기 위해서는 외국인 정책 기조를 전략적 개방으로 전환할 필요성이 대두되고 있다.

<표 3-1> 전체 인구대비 체류 외국인 비율[1]

|  | 2006년 | 2008년 | 2010년 | 2012년 | 2014년 |
|---|---|---|---|---|---|
| 총 체류자 | 910,149 | 1,158,866 | 1,261,415 | 1,445,103 | 1,797,618 |
| 총 인구 | 48,991,779 | 49,540,357 | 50,515,666 | 50,948,272 | 51,327,916 |
| 인구대비(%) | 1.86% | 2.34% | 2.50% | 2.83% | 3.50% |

위의 〈표 3-1〉에서 알 수 있듯이 현재 한국 사회는 높아져 가는 체류 외국인의 비율과 이에 따른 정부의 인식 변화에 따라 다문화 사회로의 진행이 급속히 이루어지고 있다. 이와 같은 사회적 배경으로 볼 때 한국 사회에서 '다문화'란 오직 이주자Immigrants들의 사회적 적응에 관해서 언급할 때만 사용된다는 것을 알 수 있다.

그동안 한국의 외국인 정책 관련 법규 제정 상황을 살펴보면, 3D 노동력 부족의 해법으로 외국에서의 노동력 유입이 필요하자 〈산업 연수생 제도〉를 시행하고, 이러한 해외 이주노동자들의 인권 침해나 근로 조건 개선 등이 사회적 문제로 떠오르자 〈고용허가제〉로 전환한다. 이중국적 연예인들의 병역기피가 사회적 문제로 떠오르자 이중국적을 원천 봉쇄하는 〈국적법〉을 재수정하고, 외국인 유입의 급속적인 증가로 그들의 처우 개선을 위한 〈재한외국인 처우 기본법〉을 만들기에 급급했다. 또한 결혼 이주 여성들의 대거 유입으로 '국민의 배우자'로서 그들 가족과 자녀들의 인권과 사회 적응 문제가 사회적인 문제로 대두되자 〈다문화 가족 지원법〉을 제정하는 등 방식으로 진행하다 보니 다문화 정책 관련 법규는 관련 부처가 혼재하는 난맥상을 보이고 있다. 오경석(2007)은 한국의 외국인 정책에 대한 단계별 특징에 대해 다음 〈표 3-2〉와 같이 정리하고 있다.

<표 3-2> 한국 외국인 정책의 단계별 특징

| | 1단계 | 2단계 | 3단계 | 4단계 |
|---|---|---|---|---|
| 시기 | 1987~1991 | 1991~2003 | 2003~2006 | 2006~현재 |
| 특징 | 정책 부재 | 산업연수제 | 산업연수제와 고용허가제 병행 | 이주노동정책에서 이민 정책으로 |
| 내용 | 미등록 노동자로 정착하는 것 방관 | 시민·노동권적 배제, 연수생의 미등록화 조장 | 고용허가제 제정, 중소기업중앙회 반발 산업연수제 존속 | 다문화 사회 통합 정책 고용허가제 단일화 |

　이러한 배경 아래 전개되는 한국의 다문화 정책은 중앙정부와 지방정부가 정책의 주체를 맡고, 공공기관과 시민단체가 실천을 담당하는 형태로 "관주도형 다문화주의"체계가 형성되어 있다.[2] 한국 사회에 만연된 차별적·폐쇄적 가치관과 관주도의 비효율적 정책 추진은 여전히 다문화 정책의 효율적 추진을 저해하고 있는 실정이다.

　한국의 다문화 정책 도입은 2005년부터 본격화되었다고 할 수 있다. 2005년 4월 당시 노무현 대통령의 지시로 빈부격차·차별시정위원회에서는 외국인의 사회 통합 정책을 준비하기 시작했고, 그러한 맥락으로 2006년 4월 대통령 주재하에 열린 다부처 회의에서 '여성 결혼 이민자 가족의 사회 통합 지원 대책'과 '혼혈인 및 이주자의 사회 통합 지원방안'이 발표되었다. 당시 노무현 대통령은 "한국이 다인종 다문화 사회로 이행하는 것은 이미 거스를 수 없으며 다문화 정책을 통해 이주자들을 통합하려는 노력을 해야 한다"라고 선언한다.[3] 그러한 정부 사업으로서 다문화 정책 패러다임의 변화는 2006년 종합적인 외국인 정책을 본격 추진하기 위해 제1회 외국인 정책 회의를 개최하면서부터 본격화된다. 이때부터 정부의 정책에서 본격적으로 '다문화'라는 용어가 사용되기 시작한다. 구체적인 정책 방향의 패러다임 변화는 〈표 3-3〉[4)]과 같다.

〈표 3-3〉 다문화 정책의 패러다임 변화

| 구 분 | 이 전 | 현 재 | 미 래 |
|---|---|---|---|
| 정책 기조 | 국익우선 | 국익 우선, 통제 중심 | 국익과 인권 보장 |
| 외국인 대우 | 통제·관리 | 인력 활용 | 공존·공생 |
| 관련 법령 | 개별법 | 개별법 | 재한 외국인 처우 기본법 제정 |
| 추진 체계 | 개별부처 추진 | 소관 부처별 | 총괄 추진 시스템 구축 |
| 정책 평가 | 단편적 | 단편적·비체계적 | 정책 품질 관리 |

또한 2006년 제1회 외국인 정책회의에서 제정한 「외국인 정책 기본방향 및 추진체계」에 따라 그동안 각 부처가 개별적으로 추진하던 외국인 정책의 총괄적 추진을 위해 법무부 산하 '출입국관리국'을 '출입국 외국인 정책본부'로 확대·개편하였다. 참여정부의 "다문화 사회로의 전환"을 정책 목표로 공식적으로 제안하면서 그 뒤를 이어 그러한 다문화 정책으로서의 법규와 제도들이 제정되고 정비를 추진한다. 그러한 결과물로 2007년 5월 17일 〈재한 외국인 처우기본법〉(법률 제8442호)을 제정·공포하고 동년 7월 18일부터 시행하고 있으며, 2008년 3월 21일에는 〈다문화 가족 지원법〉(법률 제8937호)을 제정·공포하여 시행 중이다. 이명박 정부의 출범 이후인 2008년 12월 17일에는 외국인 정책위원회를 설립하고 '제1차 외국인 정책 기본 계획(2008~2012)'을 의결, 시행하게 됨으로써 전반적으로 외국 인력 정책의 수준을 넘어선 종합적인 외국인 정책을 실시할 수 있게 되었다.[5)] 이 기본 계획은 외국인 정책위원회에서 심의 확정된 것으로 한국 내의 외국인 정책에 관한 5년 단위의 중장기 국가 계획이다.

## 2 ▌ 정책 대상과 내용

결혼 이주자는 2000년대 이후 꾸준히 증가해 왔으며, 정부의 사회 통합 정책의 1순위 대상자에 해당된다. 이는 결혼 이주자와 그 가족 및 자녀에 관련된 정책과 법규들을 보면 알 수 있다. 먼저 〈재한 외국인 처우기본법〉과 〈다문화 가족 지원법〉은 결혼 이주자와 그 가족 및 자녀를 주요대상자로 범주화했으며 노무현 참여정부 기본 외국인 정책이라 할 수 있는 '외국인 정책 기본 방향 및 추진체계'와 이명박 정부의 '제1차 외국인 정책 기본 계획'의 주요 대상자도 역시 결혼 이주자 및 그 자녀를 1순위 대상자로 꼽았다. 또한 결혼 이주자 중에서도 특히, 한국 정부는 '여성결혼 이주자'에 초점을 맞춘 정책을 생산하고 있다.[6] 이러한 한국 정부의 정책적 편중이 '수'적인 논리에 의해서 이루어진 것도 아닌 것으로 보인다. 아래와 같이 현재 한국의 체류 외국인 현황을 살펴보면 정주화를 전제로 이주하는 국제결혼 이주 여성의 지속적인 증가세에도 불구하고 그 비중에 있어서는 아직 전체 이주자의 10%에도 못 미친다. 즉 이주 인구의 대부분이 이주노동자로 구성된다는 것을 알 수 있다.

〈표 3-4〉 한국 내 체류 외국인 현황

(단위: 명)

| 구분 | 체류 외국인 | 등록 외국인 | 취업자[7] 체류 외국인 | 재외동포 | 결혼 이민자 (국적 취득 전) | 외국인 유학생 |
|---|---|---|---|---|---|---|
| 체류 인원 | 1,797,618 | 1,377,945 | 618,516 | 292,918 | 151,145 | 86,410 |

출처: 법무부, 「2014 출입국 외국인 정책관리통계연보」, 2014 참조 구성.

또한 2007년 〈재한 외국인 처우기본법〉(법률 제8442호)이나 2008년 '제1차 외국인 정책 기본 계획'을 보면 정책 대상자는 결혼 이주자 및 그 자녀 외에도 이주노동자, 화교와 난민을 명시하고는 있지만 이들에 대한 정책은 전무하다. 아래 정부의 다문화 정책 내용을 간략히 표로 정리하며 〈표 3-5〉와 같다.

〈표 3-5〉 참여정부 정책 대상자별 다문화 정책의 주요 내용[8]

| 대상자 그룹 | 정책 내용 |
|---|---|
| 결혼 이민자 | 간이국적 취득 허용(영주권제도 도입)<br>한국어 문화교실 운영<br>결혼 이민자 지원센터 설립, 사회복지 지원강화<br>아이가 있을 경우 최저생계보호대상 적용<br>모성보호법 수혜자격<br>임신 육아 양육에 적절한 환경마련<br>모국어로 된 훈육 지침서 작성 배포 |
| 국내 혼혈인 아동 | 다문화교과서 개발<br>일인 상담, 멘토링 제도 실시<br>교사 대상 다문화 교육 실시<br>방과 후 지도<br>〈차별금지법〉 도입<br>징병법 개정<br>국민 공모를 통해 혼혈인 용어 대체 |
| 국제 혼혈인 | 부친이 한국인이라고 판단되는 경우 한국국적 취득 허용<br>고용허가제에서 우선권 부여 |
| 이주노동자 | 이주노동자를 대상으로 하는 공무원과 고용주 다문화 교육 실시 |
| 화 교 | 해당사항 없음 |
| 난 민 | 해당사항 없음 |

| 부처 | 정책 영역 | 정책 대상 | 정책 초점 |
|---|---|---|---|
| 법무부 | 출입국·국적·이민 | 입국 외국인<br>일반 국민 | 외국인 정책 총괄<br>이주민 사회적 통합<br>법 집행을 통한 체류질서 |
| 보건복지부 | 이주민 사회복지 | 다문화 가족<br>및 그 자녀 | 다문화 가족의 복지증진<br>결혼 이주 여성의<br>사회문화적응 |
| 문화체육관광부 | 문화·체육<br>예술·관광 | 이주민<br>당사자<br>일반 국민 | 다문화에 대한 인식제고<br>이주민 문화·언어적 적응지원 |
| 교육과학기술부 | 이주민 제도권<br>교육·인적 자원 개발 | 이주민 자녀 | 다문화 가족 자녀 교육지원<br>학습능력향상 환경조성 |
| 노동부 | 고용 | 외국인<br>노동자 | 외국인노동자 고용허가<br>사회적 적응 |
| 행정안전부 | 지방행정 | 이주민 | 이주민 지역정착 지원 |
| 여성가족부 | 성 평등·여성인권 | 결혼 이주<br>여성 | 결혼 이주 여성 사회 적응 지원<br>이주 여성의 인권 증진<br>이주 여성의 사회적 적응 |
| 농림수산식품부 | 농업인 교육훈련 | 이주 여성<br>농업인 | 이주 여성 농업인 맞춤형<br>영농교육 |

각 부처별 정책 영역, 대상 초점은 위에서 제시되어 있는 바와 같다. 각 부처에서는 소관법률을 근거로 다양한 다문화 정책이나 사업을 추진하고 있다. 다문화 정책이 직접적으로 의거하는 〈재한 외국인 처우기본법〉과 〈다문화 가족 지원법〉 외에도 여성가족부는 〈결혼중개업의 관리에 관한 법률〉을 근거로 결혼 이주 여성에 대한 여성인권과 성 평등에 대한 정책들을 추진하고 있으며, 노동부는 〈외국인 근로자의 고용 등에 관한 법〉을 근거로 한국 체류 중인 외국인 중 상당수를 차지하는 이주노동자를 대상으로 하여 여러 가지 정책들을 추진하고 있다.

정리하여 보면 현재 한국 정부의 다문화 정책의 대상은 한국의 다문화 사회를 구성하는 많은 다문화 집단 이주자들 대상을 배제시키고 오로지 결혼 이민자들에게만 초점이 맞추어져 있으며 결혼 이주자 중에서도 여성 결혼 이주자에게 그 초점이 맞추어져 있다. 따라서 현재 한국에서 진행하고 있는 다문화 정책은 실제 "결혼 이주 여성 및 그 자녀"에 대한 포섭, 그 외의 대상에 대해서는 '배제'의 전략의 정책기조를 유지하고 있음을 알 수 있다.

# 주

1) 법무부, 「2014 출입국 외국인 정책 통계연보」 및 행정자치부, 「2014 주민등록 인구 통계연보」 참조하여 구성.

2) 김희정, 「한국의 관주도형 다문화주의 : 다문화주의 이론과 한국적 적용」, 『한국에서의 다문화주의 : 현실과 쟁점』, 한울, 2007, 58~79쪽 참조. 다만 개선된 정책들의 전개들로 볼 때 한국의 다문화 정책은 완전한 관주도형 정책이라고 하기 보다는 정부와 민간 기관 등이 상호작용을 통해 운영해 나가는 거버넌스 체제라고 하는 것이 더 적합하다고 생각된다.

3) 「외국인 정책 기본방향 및 추진체계」, 제1회 외국인 정책위원회, 2006년, 7쪽.

4) 2006년 5월 26일. 대통령 주재 제1회 외국인 정책회의 「외국인 정책 기본방향 및 추진체계」 논의 및 이혜경, 「이민 정책과 다문화주의 : 정부의 다문화 정책 평가」, 『한국적 다문화주의의 이론화』, 동북아시대위원회, 2007, 235쪽 참조 재구성.

5) 외국인 정책에 관한 5년 단위 국가계획으로, 기본 계획에서 '다문화 사회는 민족적·문화적 다양성이 의미 있게 부각된 사회로서 한국 사회도 국내정착 이민자의 증가로 다문화 사회에 진입'했다고 언급한다. 이로 인해 한국 정부의 외국인 정책이 한국 사회가 인구구성학적으로 '다문화'되어 가고 있는 현상에 대한 대응책으로 제시되고 있다는 것을 알 수 있다.

6) 여성가족부의 「여성결혼 이민자 가족 및 혼혈인과 이주자에 대한 사회 통합 지원안」과 대통령 자문 빈부격차·차별시정 위원회의 「여성결혼 이민자 가족의 사회 통합 지원 대책」을 그 예로 들 수 있다.

7) 산업연수(D-3) 자격의 체류자 4,324명 제외.

8) 최무현, 「다문화시대의 소수자정책 수단에 관한 연구 : 참여정부의 다문화 정책을 중심으로」, 『한국행정학보』 제42권 제3호, 한국행정학회, 2008; 김희정, 「한국의 관주도형 다문화주의: 다문화주의 이론과 한국적 적용」; 오경석 외, 『한국에서의 다문화주의 : 현실과 쟁점』, 67쪽 보완 수정 재인용.

9) 한국문화관광연구원, 「이주민 관련 문화 활동의 현황과 개선방안 연구」, 2008, 12쪽; 유의정 외, 「다문화 정책의 추진실태와 개선방향」, 국회 입법조사처, 2009, 20쪽. 참조하여 재구성.

# 3 다문화 정책 관련 법규 및 기본 계획

## 1 ▌ 재한 외국인 처우 기본법

　최근 국내 체류 외국인이 지속적으로 증가하고 체류 유형도 결혼 이민자, 이주노동자, 난민 등으로 다양해짐에 따라 이들에 대한 지위와 처우에 관한 문제가 시급한 정책 과제로 대두되었다. 그동안 각 부처가 개별적·단편적으로 외국인 관련 정책을 추진함에 따라 정책의 충돌, 중복, 부재 현상이 발생하였고 이를 해결하기 위한 종합적·거시적 시각에서 외국인 정책을 수립해야 한다는 필요성에 따라 〈재한 외국인 처우기본법〉[1]을 입법하게 되었다. 2007년 5월 17일 제정되어 2007년 7월 18일부터 시행되고 있는 본 법은 총 5장 23개 조항으로 구성되어 있으며, 한국 내 체류 외국인의 급속한 증가와 체류 외국인의 유형의 다양화로 "이들에 대한 처우 등에 관한 기본적인 사항을 정함으로써 대한민국 사회에 적응하여 개인의 능력을 충분히 발휘할 수 있도록 하고, 대한민국 국민과 재한 외국인이 서로를 이해하고 존중하는 사회 환경을 만들어 대한민국의 발전과 사회 통합에 이바지하게 함에 있다."라고 법 제1조 사항으로 명시하고 있다.

또한 제4조에서는 "재한 외국인에 대한 처우 등과 관련된 다른 법률을 제정 또는 개정하는 경우에는 이 법의 목적에 맞도록 하여야 한다."라고 규정하고 있어 다른 체류 외국인 관련 다문화 관련 법규보다 상위법적인 성격을 띠고 있다. 또한 제5조에서는 외국인 정책에 대한 기본 계획을 5년마다 수립하도록 규정하고 있고, 제8조에서는 국무총리 소속으로 '외국인 정책위원회'를 구성하도록 규정하고 법규 관련 사항들을 심의 조정한다고 명시하고 있다. 제10조부터 제19조까지는 재한 외국인들의 인권옹호, 사회 적응 지원, 영주권, 처우개선, 다문화에 대한 이해 증진 등에 관련된 사항을 규정하여 단순 재한 외국인의 처우 관련 사항뿐만 아니라 전반적인 다문화 정책 전반에 관한 기본법적인 성격을 지니고 있다. 이에 근거하여 2008년 12월 '제1차 외국인 정책 기본 계획(2008~2012)'이 수립되었다. 이 계획에는 외국인 정책의 기본 방향과 비전 그리고 목표를 제시하고 있으며, 사회 통합에 관한 사업계획을 상세히 밝히고 있다.

주목할 부분은 재한 외국인 대상 범위이다. 법규의 제2조에서는 '재한 외국인'을 대한민국 국적을 가지지 아니한 자로서 대한민국에 거주할 목적을 가지고 합법적으로 체류하고 있는 자로 제한하고 있다. 특히 이 법은 제2조 제3호에서 '결혼 이민자'에 대해 한 항을 따로 만들어 제시하고 있다. 여기서 '결혼 이민자'란 대한민국 국민과 혼인한 적이 있거나, 혼인 관계에 있는 재한 외국인을 말한다고 명시하고 있다. 그동안 외국인 근로자들에 대한 임금체불, 불이익, 폭행을 비롯하여 결혼 이주 여성에 대한 인신매매, 가정폭력 및 학대 등 인권침해를 예방하기 위한 의도도 담긴 입법이라 볼 수 있으며 좀 더 성숙된 다문화 환경을 조성한다는 취지로 간주된다.

## 2 ▌ 다문화 가족 지원법

다문화 가족에게 필요한 생활정보 제공과 교육 지원, 아동의 보육 및 교육 지원, 다국어 서비스 제공 등 결혼 이민자와 가족 구성원의 사회 적응을 지원하기 위한 〈다문화 가족 지원법〉이 2008년 3월 21일에 제정되어 2008년 9월 22일부터 시행되고 있다. 사실 2006년 4월부터 정부는 국정과제회의를 통해서 정부 차원에서 〈여성결혼 이민자가족 사회 통합 지원대책〉을 수립하여 추진하기 시작했었다. 이 법은 다문화 가족 구성원이 안정적인 가족 생활을 영위할 수 있도록 함으로써 이들의 삶의 질 향상과 사회 통합에 이바지하는 것을 목적으로 한다고 제1조항에서 밝히고 있다. 주요 내용은 다문화 가족에 대한 이해 증진, 생활정보 제공 및 교육 지원, 평등한 가족 관계의 유지를 위한 조치, 가정폭력피해자에 대한 보호·지원, 산전·산후 건강관리 지원, 아동보육·교육, 다국어에 대한 서비스 제공, 다문화 가족센터의 지정, 다문화 가족 지원 업무 관련 공무원 교육, 사실혼 배우자 및 자녀의 처우, 민간단체의 지원 등이다.

제2조 용어 정의를 함에 있어 '다문화 가족'의 두 가지 유형을 명

시했다. 하나는 〈재한 외국인 처우기본법〉 제2조 제3호에서 규정한 '결혼 이민자'와 〈국적법〉 제2조에 따라 출생 시부터 대한민국 국적을 취득한 자로 이루어진 가족이고, 다른 하나는 〈국적법〉 제4조에 따라 귀화 허가를 받은 자와, 같은 법 제2조에 따라 출생 시부터 대한민국 국적을 취득한 자로 이루어진 가족을 말한다. 동 법에 따르면, 국가와 지방자치단체는 다문화 가족 구성원이 안정적인 가족 생활을 영위할 수 있도록 필요한 제도와 여건을 조성하고 이를 위한 시책을 수립·시행하여야 한다. 또한 보건복지가족부장관은 다문화 가족의 현황 및 실태를 파악하고 다문화 가족 지원을 위한 정책 수립에 활용하기 위하여 3년마다 다문화 가족에 대한 실태 조사를 실시하고 그 결과를 공표하여야 할 의무가 있음을 규정하고 있다.

〈다문화 가족 지원법〉에 따라 현재 전국적으로 80개가 운영 중인 '결혼 이민자가족지원센터'의 명칭도 역시 '다문화 가족지원센터'[2]로 변경되었다. 2009년 3월 24일에는 〈다문화 가족 지원법〉 일부 개정 법률안이 발의되었는데 그 제안 이유로는 최근 몇 년간 결혼 이민자의 수와 그에 따른 다문화 가족의 자녀수가 급속도로 증가하고 있어 이들에 대한 사회적 관심 증대와 사회적 공동체의 일원이라는 인식의 확산이 필요하다고 판단하였기 때문이다. 이에 매년 5월 6일을 '다문화 가족의 날'로 하고 이 날이 속하는 주간을 다문화 가족 주간으로 정하며 국가 및 지방자치단체가 그에 따라 필요한 행사를 실시하여 다문화 가족에 대한 관심 및 이해 증진과 사회 통합에 이바지하려는 것이다.

## 3 ▌ 〈국적법〉 개정

　　1948년 제정된 대한민국 헌법 제3조에 의거하여 대한민국 국회는 1948년 12월 20일 〈국적법〉을 제정했다. 초기의 〈국적법〉은 부계 혈통주의와 속인주의를 원칙으로 채택하였고, 이중국적과 영주권도 인정하지 않았다.[3] 이후 이 법은 1962년, 1963년, 1976년 이중국적을 방지하거나, 귀화자의 권리 제한을 철폐하고, 국적 회복 절차를 간소화하기 위해[4] 부분적으로 개정을 진행하였지만 결국 부계 혈통주의와 속인주의의 기본 골격은 1997년까지 유지된다.

　　1997년 개정 전의 〈국적법〉은 철저한 부계혈통과 속인주의를 기본 국적부여 원칙으로 채택하고 있으며, 속지주의적 요소는 최소한으로 채택하여 2세 또는 3세 외국인 이주자들에게는 한국에서 출생 시에도 시민권을 부여하지 않았다. 그뿐만 아니라 외국인이 귀화를 하려고 해도 귀화 기준사항이 까다롭고 공무원들이 혈통 중심의 국민 정체성을 지니고 있기에 귀화가 전혀 불가능했다.[5] 이 법은 부계 혈통주의에 입각해 한국 출생국민 남자가 외국인 여자와 결혼하여 태어난 자녀는 한국 국적을 취득할 수 있게 한데 반해, 외국인 남자와 한국인 여자 사이에 태어난 자녀는 출생과 함께 한국 시민권을 가질 수 없도록 했다. 또한 한국인 남자와 결혼한 외국인 여자는 결혼과 함께 본인이 원하면 한국 시민권을 취득할 수 있는 반면, 한국인 여자와 결혼한 외국인 남자는 다른 여타 외국인들처럼 까다로운 귀화 절차를 밟아야만 한국 시민권을 얻을 수 있었다. 그 당시 한국에 거주하고 있는 외국인 대부분이 화교였기에 그들은 〈국적법〉뿐만 아니라 시민권 정책에서도 권리를 제한하였다.

이 법은 1997년 비판의 대상이었던 '부계혈통주의'를 폐지하고 '부모양계혈통주의'로 전환하여 법적인 문제점들을 해소하게 되며, 2002년 '영주권 제도'를 도입한다. 2002년 영주권 제도 도입은 장기 체류 외국인의 법적지위를 국민의 법적 지위에 준하는 위치로 끌어올렸고, 외국인에 대한 시민권 정책도 크게 개방했다. 그 결과 한국 사회에서 가장 오랜 기간 동안 세대를 이어 거주해 온 이주민집단으로 '영원한 이방인'으로 머물러 있던 약 2만여 명의 화교들이 당장 준시민권 격인 영주권을 취득하게 되었다.

또한 2010년에는 국가 정책적으로 진행하는 다문화 사회에 부합되도록 하기 위해 '복수 국적 허용' 등 일부 조항을 개정하여 2011년 1월 1일부터 시행하고 있다. 새로 개정된 〈국적법〉 복수 국적 허용 조항에는 우수 외국인 인재, 해외입양인, 결혼 이민자, 65세 이상 고령 영주귀국 동포 등은 외국 국적을 포기하지 않고도 한국에서 외국 국적을 행사하지 않겠다는 서약만 하면 한국 국적을 취득할 수 있게 되었다. 또한 기존 외국인이 한국 국적을 취득한 경우 기존 6개월 외국 국적 포기 기간을 1년으로 연장하였다. 개정 목적은 단일국적주의 아래 복수 국적자에 대해 규제 일변도로 되어 있어 국제적인 조류와 국익에 부합되지 못하는 문제점들을 개선하기 위한 조치인 것으로 분석되며, 결혼 이민자들이 간이귀화할 때 귀화를 촉진하는 역할도 할 수 있고 그들의 출신국과의 연결고리가 끊이지 않도록 배려하여 사회 통합을 이루려는 목적이다.[6]

## 4 ▌ 제1차 외국인 정책 기본 계획(2008~2012)

정책이 결정되어 그 본래의 목적을 달성하기까지는 문제의 형성단계에서부터 정책의제의 형성, 정책 결정, 정책 집행 그리고 정책 평가라는 일련의 연속과정을 거치게 되는데, 이러한 일련의 연속과정을 정책과정이라고 한다.[7] 제1차 외국인 정책 기본 계획은 2008년 문제와 정책의제 그리고 결정단계를 지나 집행의 단계를 지나고 있다. 물론 정책 형성과정에 비추어보면 계획의 한시적 종료 시점인 2012년까지 시행하여 최종 효과성과 효율성에 대한 전반적인 정책 평가가 이루어질 것이다.

외국인 정책 기본 계획은 2007년 7월 18일부터 시행된 〈재한 외국인 처우기본법〉을 근거로 만들어진 최초의 외국인 정책 관련 국가 계획으로 체류 외국인의 증가에 따른 다양한 정책 문제에 대한 대응 및 외국인 정책의 국가 전략적 활용을 위해 그동안 소관 부처별 개별적으로 추진해온 정책들을 중장기적 관점에서 종합적·체계적으로 추진하기 위해 마련되었다. 기존 한국의 외국인 정책은 '통제·관리' 중심의 정책 기조가 지속되다가 최근 외국 인적자원의 전략적 활용이 미흡했다는 판단과 세계화된 글로벌 환경 속에서 인재와 자본을 국가 발전에 활용하기 위해서는 외국인 정책 기조를 '전략적 개방'으로 전환할 필요성을 실감하게 되었다.

제1차 외국인 정책 기본 계획은 크게 네 가지로 정책 목표를 제시하고 있다. 첫째, '개방을 통한 국가경쟁력 강화'이며 이는 개방을 통한 이익과 비용을 비교, 형량하여 국가경쟁력 강화에 도움이 되는 방향으로 입국 문호의 개방 대상과 방식을 결정하는 것이다. 이를 위해 전문 인력 또는 투자자, 유학생 등에 대해서는 입국문호를 확대하고, 특히 우수 전문 인력에 대해서는 적극 유치 및 국내 정착을 장려한다. 반대로 단순기능 인력에 대해서는 제한적으로 일정시간 이상의 정주를 지양한다. 둘째, '인권이 존중되는 성숙한 다문화 사회로의 발전'을 위해 국내 정착 이민자의 증가에 따른 다문화 사회의 도래에 대비하는 것이다. 각 나라의 경험상 다문화 사회는 이민자와 이들 자녀들의 사회 부적응과 저소득층 전락, 인종적·문화적 배경에 따른 차별 등으로 인한 사회 갈등 문제에 직면하고 있다는 것을 전제로 한다. 이에 대한 해결책으로 이민자의 사회 적응 지원과 국민들의 차별적 인식 해소를 통한 다문화 이해 증진을 추진 한다. 셋째, '법과 원칙에 따른 체류질서 확립'은 개방에 대한 긍정적 효과를 극대화하고 부정적 효과를 방지하기 위해 법규와 원칙에 따른 체류질서를 확립한다는 것이다. 넷째, '외국인 인권 옹호'는 외국인에 대한 차별 방지와 권익 보호를 위해 외국인 차별 등 인권침해 방지를 위한 법령을 정비하고 차별적 제도와 관행 등의 개선을 한다는 것이다.

한편 이러한 정책 목표 달성을 위해 세부 중점 과제는 총 13개 하위 부분으로 나누어지며 '적극적인 이민허용을 통한 국가경쟁력 강화'에 3과제, '질 높은 사회 통합'을 위해 총 4과제, '질서 있는 이민행정 구현'을 위한 3과제 그리고 '외국인 인권옹호'를 위한 3과제가 이에 해당된다. 〈재한 외국인 처우기본법〉에 규정된 14개 항목 중에서 기본 계획에 포함되어 있는 10개 사항들을 비교하여 살펴보아도 그 내용이 훨씬 풍부해진 것을 볼 수 있다(〈표 3-7〉 참조).

| 구 분 | 제1차 외국인 정책 기본 계획 | 재한 외국인 처우 기본법 |
|---|---|---|
| 외국인 인권옹호 | 기본법 내용 포함 외국인차별방지 및 권익보호 보호과정 인권보장 강화 난민 인정 지원시스템 구축 | 재한외국인 또는 그 자녀에 대한 불리한 차별 방지 및 인권옹호를 위한 교육 홍보, 그 밖에 필요한 조치 |
| 외국인의 사회 적응 지원 | 기본법 내용 포함 외국인을 위한 종합적 생활환경 개선 | 재한외국인이 한국에서 생활하는데 필요한 기본적 소양과 지식에 관한 교육 정보제공 및 상담지원 |
| 결혼 이민자 및 자녀의 처우 | 기본법 내용 포함 결혼 이민자의 사회 적응지원 경제적 자립지원, 자녀 성장환경 개선 | ① 결혼 이민자에 대한 한국어교육, 제도문화에 대한 교육과 이들 자녀들에 대한 보육 및 교육지원을 통해 한국사회 적응 지원 ② 대한민국 국민과 사실혼인 관계에서 출생한 자녀를 양육하는 외국인과 그 자녀 한정 |
| 영주권자의 처우 | 기본법 내용 포함 국적업무의 신속성 전문성 확보 | ① 영주할 수 있는 법적 지위를 가진 외국인에 대한 안정보장, 공공복리 입국, 체류, 경제활동 보장 ② 영주권자격 취득자에 한하여 준용 |
| 난민의 처우 | 기본법 내용 포함 선진적 난민 인정 지원 시스템 구축 | ① 출입국관리법 난민으로 인정받은 자가 한국에 거류를 원하는 경우 ② 난민의 인정을 받은 자가 출국을 원할 때 정보제공과 필요한 지원 |
| 국적취득 후 사회 적응 | 기본법 내용 포함 외국인 체류지원 강화 종합적 생활환경 개선 | 취득일부터 3년이 경과하는 날까지 결혼 이민자 및 자녀의 처우에 해당 |
| 전문 인력 처우 개선 | 기본법 내용 포함 우수 인재에 대한 입국문호 확대 | 국가 및 지자체는 전문지식, 기술기능을 가진 외국인의 |

| | 국가차원의 우수 인재 유치지원 | 유치를 위해 법적지위, 처우 개선 제도 시책 마련 |
|---|---|---|
| 과거 국적보유자 등 처우 | 기본법 내용 포함 동포 역량 발휘를 위한 환경 조성 국내 체류 동포 처우개선 | 과거 국적보유자 및 그 직계 비속들에 대한 입국 체류 경제활동 보장 |
| 다문화에 대한 이해 증진 | 기본법 내용 포함 다문화 이해 교육 및 홍보강화 | 재한외국인과 국민들이 서로를 이해하고 존중할 수 있도록 교육, 홍보, 그 밖의 노력 |
| 세계인의 날 | 기본 계획 내용 없음 | ① 매년 5월20일을 세계인의 날로 지정 1주간을 세계인 주간 지정 ② 행사 필요사항은 법무부 장관 광역 지자체 단체장이 따로 정할수 있음 |
| 외국인 민원 안내 및 상담 | 고충 상담 애로 사항 해결 지원 | ① 공공기관장은 외국인에게 민원 안내 업무를 전담하는 직원 지정 ② 전화, 전자통신망 이용 외국어 안내 상담, 외국인종합 안내센터 설치. |
| 민관협력 | 기본 계획 내용 없음 | 외국인 정책 사업의 일부를 비영리단체에 위탁, 비용 일부 지원 |
| 국제교류 활성화 | 기본 계획 내용 없음 | 외국인 정책관련 국제기구나 회의에 참석하고 정보교환, 공동 조사연구 진행 |
| 정책 공표 및 전달 | 기본 계획 내용 없음 | 확정된 외국인 계획을 공표, 실행을 위한 노력 필요. |

출차: 조현상(2010), 118~119쪽에서는 〈외국인 정책 기본 계획〉이 〈재한 외국인 처우 기본법〉에 근거해 만들어졌기 때문에 기본법의 내용에 해당하는 사항들은 더욱 포괄적인 내용을 담고 있다고 분석한다.

이렇듯 외국인 정책 기본 계획이 내용이 풍부해진 것은 한국의 외국인 관련 사회 환경의 변화에 따라 체류 외국인들의 증가와 유형의 다양성이 이루어진 것을 반영했기 때문이다. 또한 한국의 저출산·고령화에 따른 인구 구조적인 문제 등 내·외적인 영향으로 인해 다양한 다문화화가 더욱 가속화될 것이다. 또한 이러한 기본 계획은 국가적 차원에서 중장기적 정책의 기본방향을 신중하게 설정한 결과라고 분석할 수 있다.

# 주

1) (제정 2007.5.17 법률 제8442호), 시행일 2007.7.18. 정부는 제1회 외국인 정책회의에서 「외국인 정책 기본방향 및 추진체계」를 마련하였고, 그 후속조치의 일환으로 이 법을 마련하게 되었다.

2) 2008년 9월 〈다문화 가족 지원법〉이 시행되면서 2012년 3월 기준으로 현재 한국 내 개설된 다문화 가족지원센터는 201곳에 이른다. 이처럼 다문화 가족지원센터의 급증은 가장 가시적인 한국 사회 다문화제도의 성장을 보여 주는 사례이다.

3) 법무부, 〈대한민국 국적법〉, 1948.

4) 최현, 「대한민국과 중화인민공화국의 국민정체성과 시민권제도」, 『한국 사회학』 제37호(4), 2003, 143~173쪽.

5) 법무부 「2002년 법무연감」에 따르면 1948년부터 1990년까지 매년 외국인 귀화 인구는 10명도 채 안 되었다.

6) 이종수, 「다문화 사회와 국적」, 2010년도 헌법학회 제58회 학술대회 논문자료집, 53~55쪽 참조.

7) 양정하 외, 『사회복지정책론』, 양성원, 2008, 157쪽.

# 4 한국 다문화 정책의 특징

현재 재한 외국인이라고 하는 경우 보통 혼인이나 기타 이유로 한국 국적을 취득한 외국인 및 합법 여부 상관없이 근로, 결혼, 유학 등 이유로 90일 이상 한국에 체류하고 있는 외국인을 말한다. 한국에 거주하는 외국인들을 체류 목적 또는 법적 지위에 따라 다음과 같은 몇 갈래로 분류할 수 있다. 즉, 외국인 이주노동자(외국인 노동자), 결혼 이민자,[1] 다문화 가족 자녀,[2] 유학생, 재외동포[3] 등이 있다. 물론 적법 외국인과 불법 외국인의 구별이 있겠지만 다문화주의적 해석이라면 불법 체류자[4] 역시 한국 내에 체류하는 외국인이다.

위에 열거한 이러한 법규들과 정책들은 재한 외국인의 증가에 맞춰 외국인의 처우와 적응을 돕기 위해 제정된 기본법으로 처우와 관련된 사항뿐만 아니라 외국인과 다문화 정책 전반에 관한 기본법적인 성격을 지니고 있다. 하지만 〈재한 외국인 처우 기본법〉과 〈다문화 가족 지원법〉은 법의 적용 대상을 합법적으로 체류하고 있는 자에 한정하고 있다. 즉 불법 체류자나 그 가족들은 법의 보호를 받지 못하게 되는데 그들을 법의 보호범위 밖에 두는 것이 타당한가의 여부가 최근 쟁점이 되고 있다. 이들의 유형에는 한국 국민과 사실혼 관계에 있거나 그 사이에 자녀를 두고 있는 경우, 한국 국민과 결혼은 했으나 국적 취득 전에 이혼하여 국적 취득이 취소된 경우가 있을 수 있고, 한국 국민과의 사이에 자녀를 두었으나 헤어져서 혼자 기르는 경우에 그 자녀까지 강제퇴거 대상이 된다는 점에서 문제가 있다. 이 문제는 한국 국민들의 동의를 수렴하기도, 한국 정부 스스로 정책을 추진하기도 어려운 것이 사실이다. 하지만 이들 또한 한국 내 산업 현장의 노동자로서 한국의 산업 기반을 지켜 나가는 일에 기여하고 있다는 사실은 부정할 수 없다. 따라서 끊임없는 토론과 고민을 통해 시급히 정책과 법 제도를 정비해야 할 부분이다.[5]

특히 '다문화 사회'를 현상으로 인식하고 있는 한국 정부의 입장은 다문화 사회를 구성하는 구성원, 즉 다문화 정책[6] 대상에 대한 명시도 달라지고 있다. 2006년 5월에 있었던 「외국인 정책 기본 방향 및 추진 체계」의 대상자는 외국적 동포, 결혼 이민자 및 자녀, 난민, 외국인 근로자, 불법체류 외국인, 국민으로 이루어져 있었다. 그러나 이후 다문화 사회의 모든 정책의 근거가 될 수 있는 〈재한 외국인 처우 기본법〉이 제정되면서 기본적으로 '다문화'를 구성하는 이주자를 '대한민국에 거주하는 합법적인 외국인'으로 보고 있으며, 즉 '합법'적인 체류 자격을 갖춘 대상으로만 정책을 한정하고 있는 것이다. 〈재한 외국인 처우 기본법〉 제2조에서는 '재한 외국인' 중에서도 세부적 대상자를 결혼 이주자 및 그 자녀, 영주권자,[7] 난민, 과거 대한 민국 국적을 보유하였던 자로 보다 정책 대상을 분명히 명시해 놓고 그에 따른 처우 방안을 기술해 놓고 있다. 하지만 앞에서 살펴 본 바와 같이 그러한 대상자 그룹별 정책 내용 속에 영주권자인 화교와 난민에 대한 정책내용은 구체적으로 제시되어 있지 않고 있다. 또한 이 법에서는 다문화주의 이념을 발견할 수 없고 그들을 오로지 사회 에 통합하고 잘 적응시켜 대한민국의 발전에 기여해야 한다는 일종 의 책임의식 및 부채의식만을 부여하고 있다는 분석들도 있다.[8]

〈다문화 가족 지원법〉은 지원 대상을 '다문화 가족 및 결혼 이민 자'로 제한적인 명시를 했는데, 다문화 가족이라 함은 반드시 배우자 중 한 명은 대한민국 출생 국민이어야 함을 규정하고 있다. 즉, 결혼 이민자와 대한민국 출생 국민으로 이루어진 가족만이 다문화 가족이 될 수 있는 것이다. 따라서 "외국인만으로 구성되어 있고, 한국에서 거주 목적으로 체류하는 다문화 가족"은 한국의 다문화 가족 보호 · 지원 대상에서 배제된다. 또한 속인주의 원칙을 채택하고 있는 〈국 적법〉으로 인하여 이들에게서 태어난 아이들도 보호 · 지원 대상에서 제외될 수밖에 없다." 현재 한국에는 규정되어 있는 다문화 가족보다 훨씬 더 다양한 유형의 이주민과 그 가족이 뿌리내리고 있으며, 그 수가 지속적으로 증가될 것으로 예상된다. 이에 다문화 가족을 보편 적인 가족 형태로 수용하고 그들이 차별 없는 삶을 영위할 수 있도 록 불합리한 법과 제도를 개선해 나가는 노력이 필요하다. 때문에 이 법규 역시 큰 담론으로서의 다문화주의를 수용하지 못하고 한국 문화 중심적인 태도[9]를 벗어나지 못하는 등 태생적인 한계를 갖고 있음을 볼 수 있다.

〈국적법〉역시 많은 외국인 국적 취득에 대한 규제들이 사라졌지만 지나친 속인주의는 한국 사회에 정착 목적의 유입이 아닌 이주민들 즉, 외국인 노동자 또는 유학생 사이에 태어난 자녀들이 출생하자마자 바로 불법 체류로 간주될 소지를 남겨두고 있어 문제가 있으며 이러한 문제점들을 해결하기 위해 다문화주의를 표방하고 있는 현실에서 예외적으로 속지주의를 인정하도록 개선될 필요가 있다.

현재 한국 정부의 전유로 시행되어지고 있는 다문화 정책들은 다양한 외국인 집단들에 대한 정체성 인정, 문화적 특성에 대한 인정도 없이 소수 특정 집단에 대한 한국 사회의 빠른 적응과 동화를 목적으로 하는 정책들이 주류를 이루고 있다. 즉, 다문화라는 이름으로 시행되고 있는 정부 각 부처들의 다문화 프로그램을 보면 거의 대부분 결혼 이민자, 그중에서도 결혼 이주 여성들이 한국 사회에 잘 정착할 수 있도록 한국어와 한국 문화를 가르치는 등 적극적인 정책적 포섭과 방안들이다. 이처럼 한국 정부와 여러 부처들에서 시행하고 있는 소위 다문화 정책들은 다문화주의의 이념을 구현하면서 질 높은 사회 통합을 이루는 것과는 상당히 거리가 있어 보인다.

그렇다면 본 장에서 정리한 다문화주의로 대변되는 외국인을 대상으로 한 한국의 이민자 정책에 대한 탐색적인 고찰을 바탕으로 제4장과 제5장에서는 다문화 정책의 직접적인 대상 집단인 재한 중국인 정책에 대한 탐색적 접근을 통해 한국의 다문화주의를 검토해 보고자 한다. 재한 중국인은 한국의 다문화 사회 형성과 시사점 검토 면에서 아주 중층적인 집단이라고 할 수 있다. 한국으로의 이주 역사가 가장 긴 다문화 소수그룹 집단인 구 화교를 비롯해, 외국인 근로자와 결혼 이주자, 그리고 중국인 유학생 등 다양한 체류 목적의 양

상을 띠는 장기 체류 신분의 신 화교, 그러한 신 화교 중에 한국인
과 같은 민족 정체성을 지닌 조선족들도 포함되어 있어 한국의 다문
화 사회의 미래상을 구현함에 문제 해결의 키 퍼슨Key Person(중요 인
물)이 될 것으로 보인다.

# 주

1) 결혼 이민자 또는 결혼 이주자 등으로 불리며, 귀화하여 한국 국적을 취득한 경우와 한국 국적을 취득하기 전 한국 국민의 배우자를 지칭한다.

2) 다문화 가족 자녀 또는 혼혈 자녀라고도 불린다. 다문화 가족 자녀라 함은 외국인과 외국인, 외국인과 출신 한국 국민, 귀화 한국 국민과 출신 한국 국민 사이의 자녀를 모두 포함하기도 한다.

3) 재외동포는 재한 외국 동포라고도 불리며 외국 국적을 소지하고 한국에 거소 등록을 한 경우를 말한다.

4) 불법 체류 외국인 또는 미등록 외국인이라고도 부른다.

5) 조현상, 「한국 다문화주의의 특징과 정책방향에 관한 연구」, 118쪽 참조.

6) 정부가 명시적으로 '다문화 정책'이라는 단어는 사용하지 않았지만, 예외적으로 법무부의 사회 통합 정책 설명자료(2008)에서 '일정한 이주자 및 가족에 대한 지원정책' 또는 '사회 통합 정책'으로 대체하여 사용하고 있음을 알 수 있다.

7) 한국 법무부는 2002년 출입국 관리법을 개정하면서 영주권 제도를 도입한다. 하지만 이때는 결혼 이주 여성들도 한국 거주 5년 이후에 신청 가능하였기에 실질적으로 이 개정령 안을 시행했을 때 실질적으로 수혜를 받은 대상 집단은 한국 화교였다고 한다. 실질적으로 2007년 6월 통계월보를 보면 F-5(영주자격 체류 비자)를 가진 외국인은 15,193명으로 이 중 타이완 국적의 한국 화교가 11,866명으로 가장 많았다. (프레시안, 「지방선거 … 외국인 투표는 '화교'만 해라?」, 2006.05.19.)

8) 조상균·이승우·전진희, 「다문화 가족 지원법제의 현황과 과제」, 『민주주의와 인권』 제8권 제1호, 전남대학교 5.18연구소, 2006 참조.

9) 한국의 다문화관련 정책 중 유일하게 "다문화"라는 명칭을 기재하여 제정한 〈다문화 가족 지원법〉에서 '다문화'라는 말 역시 한국문화와 외국문화가 함께하는 경우에만 국한된다고 제한하고 있다.

제4장
# 재한 중국인의 역사적 특징과 체류 현황

# 1 중국인 디아스포라 - 화교

위에서 정의한 디아스포라 개념과 이론적 조건들을 통해 볼 때, 초강대국인 미국을 거점으로, 전 세계에 걸친 거대 네트워크를 조직한 유대인 디아스포라를 비롯하여 '바닷물이 닿는 곳에는 화교華僑가 있다.'[1]라는 말처럼 전 세계적으로 강력한 네트워크를 형성하고 있는 화교·화인華僑華人들 역시 자신들만의 민족 정체성을 갖고 있으며 네트워크화된 공동체를 형성하여 조직적인 통합력과 단결력을 과시하는 대표적인 디아스포라 집단이라 할 수 있다. 지금도 중국인들의 이주와 정착은 끊임없이 모습을 바꾸며 진행 중이다. 또한 그들의 이주 및 정착의 경험은 충분히 디아스포라 조건들을 충족시키며, 디아스포라 차원에서 이해할 수 있다.

# 1 ▌ 화교의 정의

'화교'라는 용어는 1882년 청나라 정관잉鄭觀應이 리홍장李鴻章에게
보낸 친필 문서에 "남중국해 각지에 나가 있는 화교南洋各地華僑"[2]라는
문장에서 처음 사용했으며 글자 뜻은 화華는 중화中華를, 교僑는 잠시
교거僑居 즉 거주함을 의미한다.[3] 화교의 명칭에 관해 화교華僑, 화인
華人, 화예華裔 등 해외 이주 중국인을 뜻하는 또 다른 명칭들이 존재
한다. 하지만 일반적으로 화교華僑, Overseas chinese는 중국 본토 이외
지역 즉 해외에 일시적으로 나가 거주하고 있는 중국인을 지칭하는
용어로 통용된다.

화교란 개념이 지닌 복합성으로 인해 학자들 사이에도 아직 통일
된 정의에 이르지 못하고 있으며, 화교의 개념을 단순하게 정의하지
못하는 이유는 현재 다양하고 복잡하게 얽힌 사회 구조적 문제들,
화교 자체의 복잡한 성격, 국적 문제, 중국의 분열 등의 요인들 때문
이다. 중국학계는 화인을 문화적으로는 여전히 중국에 귀속되어 있
지만, 심리적으로는 중국에서 현지국가로 전이되는 과정에 놓인 이
중적 정체성을 가진 자로 인식하고 있다.[4] 다시 말해 화교와 화인을
명확하게 구분하는 경계는 국적의 유지 여부에 달려 있다. 중국은
이중국적을 인정하지 않고 있기 때문에 중국 국적을 갖고 해외에 거
주하는 중국인은 화교이며, 현지의 국적을 가지고 있더라도 중국의
고유문화 생활 습관을 유지한 채 해외에 거주하는 자를 화인으로 규
정하고 있는 것이다. 때문에 2002년 발간된 최신 화교 관련 백서인
『화교화인백서華僑華人白書』에 따르면 화인은 중국 혈통을 가진 모든
자에 대한 범칭이며, 또한 외국 국적을 가지고 있는 화인 및 화교를

모두 포함한다고 정의하고 있다.[5]

또한 학계에서는 위와 같은 구분에 화예華裔라는 개념을 추가하여 화인 중에서 자신을 현지 교민사회의 일원으로 인식하지는 않지만 단지 문화적으로 자신들의 부계 조상이 중국으로부터 건너왔다고 생각하는 집단으로 규정한다. 즉, 화예는 화교와 화인의 후손이란 의미로 거주국에서 태어나 거주국 국적을 갖고 있는 중국계 혈통의 사람이라고 할 수 있다. 이러한 화예는 화인이나 해외화인海外華人, Ethnic chinese과 동등하게 사용되기도 한다. 한편 중국 국적을 회복한 화인, 중국에 거주하는 외국 국적의 화인은 귀교歸僑라는 용어로도 불리고 있다.[6] 한국의 경우 화교[7]들은 동남아나 기타 지역 화교와는 달리 거주국인 한국의 국적을 취득하지 않고 대부분 중국(타이완) 국적을 유지하고 있기 때문에 '화인'이 아닌 '화교'라고 부르는 것이 더 정확한 표현이라고 할 수 있다.

## 2 ▌화교의 이주 시기 및 세계적 분포

중국에서 인구 이주는 기원 후 천 년 동안 대부분 주로 중국 영토 내에서 이루어졌고, 해외 이주는 기록에 정확히 나와 있지 않으나 보통 해외 이주 시기를 13세기까지 거슬러 올라간다는 견해가 많다. 즉, 12세기 남송南宋시기 해안 상품경제의 급격한 발전을 시작으로 13세기 말 송나라宋朝가 몽골에 의해 멸망하자 다수의 피난민들과 유신遺臣들, 그리고 무역상들이 중국 연해를 떠나 동남아시아 지역으로 이주해 새로운 터전을 마련하여 현재의 동남아 화교의 근거를 마련했다는 설이다. 이것이 중국인 디아스포라 - 화교의 본격적인 이주의 시초라고 할 수 있다. 이러한 중국 화교의 해외 이주 역사는 크게 시기별로 5단계로 나눌 수 있다.[8]

첫 번째 단계는 12세기 남송 시대의 해안을 중심으로 한 상품 교역이 급격하게 증가한 시기로부터 16세기 후반기 명나라明代의 해금海禁 조치까지에 이르는 기간이다. 약 4, 5백 년에 걸쳐 이 시기는 중국의 경제가 최고조에 이른 시기이며, 화교 역사에 있어서 가장 광범위한 지역에 걸쳐 대규모 화교가 발생한 시기라고 할 수 있다. 이 시기에 이주한 화교들은 오늘날의 싱가포르, 베트남, 태국, 필리핀 등 中·西지역 교통무역 중심지로 이주하였다. 그 수는 약 10만 명이 넘는 것으로 추정되고 있다.[9] 두 번째 단계는 16세기 하반기 명나라의 해금 개방부터 1840년 아편전쟁鴉片戰爭이 일어나기까지의 약 300년간이다. 이 시기에 동쪽으로는 일본과 조선, 서쪽으로는 인도 동부해안과 남쪽으로는 인도네시아, 북쪽으로는 러시아에 이르기까지 가장 광범위한 화교 이주가 이루어졌으며 약 100만 이상의 화교 인구가 증가하였다.[10]

세 번째 단계는 1840년 아편전쟁으로부터 1949년 중화인민공화국中華人民共和國의 성립까지 100여 년에 이르는 시기이다. 이 시기는 중국 역사상 반식민지·반봉건사회의 시기였으며, 전쟁과 제국주의의 약탈로 인해 생활고에 시달리던 화공華工들이 대량 출국하는 해외 계약 노동이민 위주의 해외 이주가 진행되었다. 또한 그러한 약탈과 박해 속에 화교들의 민족의식이 점점 강하게 자각되는 시기라고 할 수 있다. 이 시기에는 화교들의 활동 범위가 크게 확장되어 아시아에서 미주와 유럽, 아프리카, 대서양주 등으로 전 대륙에 걸쳐 확산되었던 시기이다. 오늘날 화교들이 세계 각국에 퍼지게 되는 기반을 다진 시기라고도 볼 수 있다. 보다 구체적으로 증가 추세를 살펴보면, 1879년 300만 명에서 1899년 400만 명, 1905년 760만 명, 1921년 860만 명, 1931년 1,283만 명 등으로 19세기 말부터 20세기 초에 걸쳐 50년간 4배 정도 증가했다.[11] 화교들의 본격적인 한반도 이주도 이 시기부터 시작되었다고 볼 수 있다. 1882년 8월 조선과 청국이 〈조청상민수륙무역장정朝淸商民水陸貿易章程〉 체결을 계기로 청나라로부터 군인 4,000여 명과 군수품 보급을 위해 동행한 상인 40여 명의 입국이 본격적인 한국 화교의 시초라고 하는 견해가 현재로서는 가장 주도적이다.[12] 일찍 한반도에 이주 정착한 화교들은 그 시기 다른 지역으로 이주한 화교들과는 달리 '청국상민淸國商民'의 신분으로 청나라 군대를 따라 장사하러 온 상인 신분으로 출발했다는 것이 독특한 점이다. 이후 한반도의 화교 이민은 본격적으로 촉진되기 시작한다.

네 번째 단계는 1949년 중화인민공화국의 출범 이후부터 1970년 초반까지이다. 이 시기는 중국 대륙에 사회주의 체제가 정착한 시기이다. 중화인민공화국 성립 이후 중국으로부터의 대규모 해외 이주는 중단되었다. 당시 중국인들은 사회주의 체제 속에서 합법적인 이민이 어려웠기 때문에 해외로 출국했던 중국인들은 현지 거주국에서 정착하여 살아갈 수밖에 없었다.[13] 이 시기에는 한반도의 중국인 이주 정착 역시 활성화되지 않았다. 한·중 수교가 이루어지는 1992년까지 한중 양국은 이데올로기의 대립으로 오랫동안 서로 왕래를 금지해 왔다. 그리하여 한국에 정착하여 생활하던 화교들은 당시 한국과 수교를 맺었던 타이완 국적을 갖게 된다. 이것이 바로 한국 화교들이 가지는 특수성이기도 하다. 특히 60, 70년대 미국, 캐나다, 호주 등 여러 국가들의 이민 정책이 개선되면서, 한국에 거주하던 많은 화교들이 이 시기에 제3국으로 재이주를 하게 된다.

마지막 단계는 개혁개방改革開放[14) 이후부터 최근까지이다. 1970년대 미국, 캐나다, 호주 등의 국가들이 이민 확대 정책을 시행하고 개선함에 따라 해외 화교들이 서구지역으로 재이주를 하기 시작하였다. 특히 1970년대 후반 중국 역시 이민 자유화와 개혁개방으로 중국인의 해외 이주는 빠른 속도로 증가하였다. 특히 해외 유학생이 급증하였으며, 유학을 마치고 현지 거주국에 정착하여 사는 해외 이민을 비롯해 투자이민, 상업이민 등 다양한 형태의 해외 이주 붐이 일어나고 있다. 1992년 한·중 수교를 계기로 중국인들의 대규모 한반도 이주가 다시 시작되었으며 현재 한국 내 체류 외국인 중 중국 국적자가 51.8%로 절반을 넘어섰다.

이 시기 새롭게 나타난 화교 이민 경향의 가장 큰 특징은 자의적이고 의도적인 외국행이라고 할 수 있다. 즉, 해외 유학 후 정착하거나 국외의 가족과 함께 살기 위해, 혹은 투자 이민이나 상업 이민과 같은 보다 유리한 경제 환경을 찾기 위해 이루어졌다. 특히 이민의 자유화와 투자이민의 증가로 1990년 이후 미국 등 선진국에서 상업 투자 이민 정책을 펼치면서 거액의 자금 보유자와 선진 기술을 가지고 있는 이민자들이 이들 나라에 유입되었으며 이들을 중심으로 거대한 신 화교·화인 경제권이 형성되었다. 또한 타이완, 홍콩 등 지역의 중국계 인구를 비롯해 기존의 동남아에 이주, 정착해 있던 화교들 역시 북미나 유럽 등지로 재이주하여 글로벌 화교 네트워크를 구축, 새로운 화교 비즈니스 영역의 확대에 도움을 주었고 그 결과 중

산층 계급을 중심으로 주류 사회의 해외 이민 참여가 순조롭게 진행되고 있다.[15]

현재 전 세계에 거주하는 화교·화인의 수를 정확히 추정하기는 어렵다. 특히 동남아시아 지역에 일찍부터 진출하여 거주국에 귀화하여 현지화한 중국계 사람들을 화교·화인의 범주에 포함시키느냐 마느냐에 따라 화교 또는 화인의 수는 크게 달라질 것이며, 싱가포르처럼 인구의 대부분이 중국계인 나라도 있기 때문이다. '타이완 화교교무위원회臺灣華僑僑務委員會'의 「중화민국 95년 교무통계연보中華民國九十五年僑務統計年報」(2006)[16]에 따르면 타이완과 홍콩, 마카오를 포함한 화교권 전체 인구는 6,771만 명에 이른다. 타이완 2,282만 명, 홍콩 694만 명, 마카오 44만 명 등을 제외한 세계 화교 인구는 2006년 말까지 38,794만 명이며, 160여 국가에 거주하고 있다. 세부적으로 중국 국적을 여전히 가지고 외국에 살고 있는 화교들은 이 가운데 2백만 명 정도로 추산되고 있고 그 나머지는 모두 거주국인 외국 국적을 가지고 있는 이른바 화인들로 이들이 전체 해외 중국계의 90% 이상을 차지하고 있다.

한편 『2008년 세계화상발전보고2008年世界華商發展報告』에 따르면, 지난 2000년 중국 정부가 실시한 조사에서 해외 화교·화인 인구가 약 4천만 명에 이르는 것을 기초로 8년간 세계 평균 인구 증가율과 8년 동안 중국에서 새롭게 이민을 떠난 417만 명을 더할 경우 화교 인구는 약 4,800만 명에 이른다고 밝혔다. 화교의 분포 지역별 현황을 살펴보면, 2006년 말까지 아시아 지역에 76.8%로 제일 많고 다음으로 미주 지역(17.9%), 유럽 지역(2.7%)순이다. 아시아 지역에 화교·화인이 많이 거주하는 이유는 지리적으로 중국과 가깝고 생활환경이 중국과 유사하기 때문이다. 반면 최근 들어 아시아권에 비해 미주, 호주 등지의 화교의 인구가 점차 증가하는 추세인데 이는 화교의 새로운 이민 목적지가 미국, 캐나다 등 선진국으로 다변화되고 있음을 보여 준다.[17]

이와 같이 전 세계적으로 널리 분포되어 있는 화교·화인의 경제력은 중국 GDP의 40% 수준에 달하는 5조 달러를 창출할 정도로 높은 수준으로 추정되고 있다.[18] 이는 중국 경제의 고도성장과 함께 중국계 해외 자본이 세계 경제에서 차지하는 중요성을 단적으로 보여 주고 있다. 이러한 변화는 1960년대까지 주로 동남아 국가에 집결해 있던 화교·화인들의 전통적인 분포 양태 변화에도 영향을 미쳤다. 그리고 수백만 명의 화교·화인들이 선진국 특히 미국, 캐나다 등 지역으로 진출하게 되었는데 이들 중 90% 이상의 재외 중국인들이 거주국 국적을 소유하고 있으며, 현재 출국자들의 대다수가 정착을 이주 목적으로 하는 정착 이민 형태가 증가하고 있다. 또한 1970년대 후반 약 450만 명의 중국인들이 중국, 타이완, 홍콩 등지로부터 주로 북미 및 유럽으로 이주했으며 이들은 대부분 학자, 유학생 등 교육 수준이 높은 엘리트 집단이다. 그중에서도 중국인 이주가 점차 집중되는 미국의 화교 인구는 2009년 현재 417만 명이며, 캐나다는 1991년 67만 9천 명에서 2009년 133만 명으로 대폭 증가하였다. 이와 같은 증가 추세는 호주와 같은 지역에서도 나타나고 있다. 화교가 10만 명 이상 거주하는 국가는 약 25개국에 달하고 세계 주요국의 화교 인구 분포를 보면 인도네시아가 가장 많으며 태국, 말레이시아, 미국, 싱가포르 등의 순으로 동남아시아 지역에 가장 많이 분포되어 있다. 아시아권에서 화교와 화인이 가장 많은 나라는 인도네시아로

783만 명이 거주하며 세계의 화교·화인 비중의 약 20%를 차지하고 있다. 타이완 화교 교무위원회臺灣華僑僑務委員會가 2009년에 발표한 세계 상위 10개국 화교·화인 인구 분포 통계는 아래와 같다.[19]

〈그림 4-1〉 2009년도 세계 화교·화인 인구 통계

(단위: 만 명)

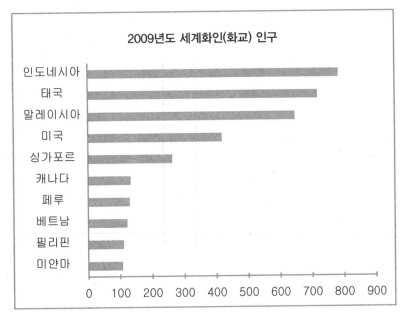

# 주

1) 세계 곳곳에 분포되어 있는 화교 디아스포라를 뜻하는 말로 "有海水之处,就有华侨"라는 말이 있다.

2) 화교라는 명칭에 대해 1898년 일본의 요코하마橫濱에 살던 중국 상인들이 자녀들의 교육을 위해 거주 현지에 학교를 세우고 이를 화교학교華僑學校라고 이름을 지은 데에서 비롯되었다는 설도 있다. 본 연구에서는 화교 명칭의 기원에 대해서 朱育友,「華僑名稱探源」, 『東南亞硏究資料』, 1986年 第4期, 1~4쪽을 참조하여 정리하였다.

3) 원래 "일시적으로 자리 잡고 거주하다."는 뜻의 교교僑라는 단어는 4~6세기에 걸쳐 남북으로 분열되었던 남북조南北朝 시대에 사용한 것으로, 수隨나라의 역사서인 수서隨書에서 동진東晉 초기 북방에서 남방으로 이주한 사람들을 교인僑人이라고 불렀다고 기록되어 있다. 물론 여기서 이러한 교인 개념을 오늘날의 화교와는 동일하게 볼 수 없지만, '僑'라고 하는 개념은 이때부터 '이주'라는 의미를 갖고 전해져 왔다는 것을 알 수 있다.

4) 최승현, 『화교의 역사 생존의 역사』, 서울: 화약고, 2007, 94~99쪽.

5) 1949년 중화인민공화국 수립 후 중국은 현재 중국 이외의 지역에 거주하는 중국인 중 거주국의 국적을 취득하지 않고 중국 국적을 유지하고 있는 중국인을 지칭하는 개념으로 '華僑'를 사용하여 왔다. 화교로 인정받기 위해서는, 첫째, 화교는 해외에 거주하는 중국 국민으로써 중화인민공화국의 국적을 가지고 있어야한다僑居國外具有中華人民共和國國籍的中國公民. 기타국의 국적을 취득하였을 경우 중화인민공화국의 국적은 자동 상실되고 그들은 '해외 화인海外華人'으로 분류된다. 둘째, 화교는 중국 영토 외의 국가에 정착 거주하는 자를 말한다. 셋째, 화교는 현지 외국에서 영주권을 가지고 정착한 자를 말한다. 유학하고 있는 자는 화교로 인정하지 않는다. 하지만 이렇게 한정적 개념으로 화교를 정의하게 되면 전체 해외 거주 중국인 중 10% 정도가 이 범위에 들어가게 되어 화교의 의미는 매우 좁아지게 된다. 최근에는 거주국 국민으로서 그 사회에 잘 적응하고 통합되어 살아가는 해외 이주 중국인들이 더 많은 현실을 감안해서 '화교'라는 용어가 적합하지 않다고 주장한다(王赓武,「海外华人硏究的地位」, 『華僑華人歷史硏究』, 1993). 이러한 이유로 인해서 현재 해외에 거주하고 있는 중국인에 대한 호칭은 화교, 화인, 화예 등 다양한 이름으로 불리고 있지만, 보편적으로 중국의 정부와 학계에서는 보편적으로 이러한 개념들을 한데 묶어 화교·화인이라고 일반 명사화하여 사용하고 있다. 본 연구에서는 화교를 넓은 의미에서 화교·화인을 통칭하여 명명하기로 한다. 또한 중국 문헌 등 번역의 필요로 화교·화인을 함께 병기하여 사용하는 부분도 있다(國務院僑務辦公室 www.gqb.gov.cn 참조).

6) 양필승·이정희, 『차이나타운 없는 나라 : 한국 화교 경제의 어제와 오늘』, 서울: 삼성경제연구소, 2004, 10쪽.

7) 본 연구는 연구범위를 한국에 거주하는 중국계 이민자들로 설정하고 있기에 이해 편

의를 돕기 위해 이들을 화교라 통일적으로 칭한다. 하지만 한국에서 화교라고 할 때, 의미하는 바는 주로 1949년 중국과의 교류가 단절되기 전에 한국에 들어온 중국인과 그 후손을 가리킨다. 이들의 본적은 대체로 대륙 본토이지만 국적은 타이완 국적을 보유하고 있다. 따라서 본 연구에서는 편의상 1992년 중국과의 공식적 외교관계가 회복되면서 한국에 건너 온 중국 국적의 중국인들과는 구 화교와 신 화교로 구분한다.

8) 보통 화교의 해외 이주를 4단계로 나누고(陳碧笙,『世界華僑華人簡史』, 厦門, 厦門大學 出版社, 1991, 23쪽 참조), 제4기를 1949년 중화인민공화국 출범 이후부터 현재까지로 설정하는 연구가 많지만, 본 연구는 개혁 개방 이후의 새로운 해외 이주 붐의 경제적인 요소를 고려해 1970년대 후반 개혁개방 이후부터 새롭게 나타난 이주 현상을 이주의 한 단계로 정리하여 분류했다.

9) 정성호,「화교(華僑) 경제력 얼마나 되나 : 현금만 2조弗, 세계 3위경제력 : 동남아 중심 막강한 네트워크 자랑… 중국 경제 발전의 견인차 역할」, 서울: 중앙일보 시사미디어. 2004, 30~35쪽 참조.

10) 이종우,「한국 화교의 현지화에 관한 연구 : 부산 거주 화교를 중심으로」.

11) 조정남,『중국의 민족 문제』, 서울: 교양사, 1988, 44쪽.

12) 홍재현,「화교 사회의 형성과 특성연구」,『중국인문과학』제34집, 2006, 631쪽.

13) 사단법인 한국중화총상회. http://www.kccci.or.kr 통계 자료 참조.

14) 중화인민공화국의 덩샤오핑鄧小平 지도 체제 아래에서, 1978년 12월에 개최된 중국공산당 제11기 중앙위원회 제3회 전체회의에서 제안되었고, 그 후 시작된 중국 국내 체제의 개혁 및 대외 개방 정책을 말한다.

15) 조정남,『중국의 민족 문제』, 48쪽.

16) 타이완은 쑨원孫文이 신해혁명辛亥革命으로 중화민국을 설립한 해를 원년으로 삼는 중화민국 국력을 채택하고 있다. 그러므로 여기서 중화민국 95년은 2006년을 뜻한다.

17) 이종우,「한국 화교의 현지화에 관한 연구 : 부산 거주 화교를 중심으로」.

18) Ahlstrom, David, Michael C. Young Eunice S. Chan, and Garry D. Bruton, "Entrepreneurs and Traditional Business Practices in East Asia", *Asia Pacific Journal of Management* 21, 2004, pp.263~285.

19) 臺灣華僑僑務委員會 홈페이지 http://www.ocac.gov.tw/public/public.aspselno를 참조하여 재구성.

# 2 화교의 한반도 이주 및 정착

## 1 ┃ 한국 화교의 형성

올해로 수교 20주년을 맞이한 한국[1]과 중국은 지리적으로 인접해 있는 관계로 항시 서로 접촉하면서 살아가지 않을 수 없는 숙명을 안고 있다. 실제로 양국은 수천 년 이래 때로는 우호적인 관계로 문물을 교류하며 친선관계를 유지하고, 때로는 적대적인 대립 관계로 대항하면서 끊임없이 관계를 유지해 오고 있다. 또한 오랜 역사 속에서 조공을 통한 관官무역과 사私무역으로 서로 교역이 활발하였고 인적·문화적 교류 또한 왕래가 많았다. 특히 양국 국경 지역의 주민들 간에는 서로 왕래하는 경우도 많았는데 1882년 폐지되기 전까지 '북도개시제北道開市制'[2]를 통하여 양국 주민들을 오가게 했으며, 압록

강변 국경지역에서 농경할 경우 1리里 이내의 지역 주민들은 국경을 건너와 거주할 수 있도록 했었다.[3] 물론 이렇듯 인접국인 한반도로의 중국인 이주는 더욱 이전인 고대로까지도 거슬러 올라 갈 수 있지만 그 당시는 사실 국적 의식이 없던 시대이기에 이주 집단의 이동이나 개인의 정착 이주를 지금의 '귀화' 또는 '영주체류' 등 개념으로 표현 할수 없을지도 모르지만 사실 많은 중국인들이 한반도 땅에 들어와 살며 동화되어 살아 왔음은 부인할 수 없는 사실이다.

조선정부는 개국 당시부터 1876년 개항 전까지 해금 정책을 시행하며 외국인의 입국을 금지하였지만, 중국인에 한해서만 압록강 변에서 농경할 경우, 농경지 인근 지역에 건너와 거주할 수 있게 허가했다. 하지만 이러한 교류와 접촉은 일시적인 접촉이고 왕래였기에 그 당시 이주 중국인을 화교로 볼 수는 없으며, 근대 이전의 이주 역시 귀화의 형태로 이루어졌기 때문에 이들을 화교라고도 볼 수 없다. 그렇다면 현재 '재한 화교'로 분류되는 이들은 그 이후에 한국 사회로 이주한 중국인들이다. 물론 '화교'라는 용어가 언제부터 공식적으로 한국에서 사용되었는지는 문헌상 기록이 분명하지 않다. 다만 냉전의 영향으로 1948년 대한민국 정부 수립 이후 당시 한국이 유일 합법정부唯一合法政府로 승인하였던 중화민국中華民國과의 외교관계를 맺게 되면서부터 보편적으로 사용되기 시작했다고 볼 수 있다.

그 이전까지 한국에 체류하던 중국인들은 별다른 신분 등록이 필요하지 않았었다. 하지만 대한민국의 정부 수립과 동시에 중화민국과 외교관계를 맺으면서 주한 중화민국대사관에 '재한 중국인' 등록을 하고, '화교거주허가증華僑居住許可證'을 발급받게 되면서 화교라는 용어가 한국에서 일반에게 널리 알려지게 되었다고 보인다.[4] 때문에 현재 '재한 화교'로 법적처우를 승인받으며 한국에 체류하여 거주하고 있는 '화교'는 대부분 중국 대륙 본토인 산둥 성 출신이지만, 현재까지도 중화민국 여권을 소지하고 한국에 거주하여 살고 있는 사람들이다.[5] 그들에 대한 명칭은 '한화韓華', '한국 화교韓國華僑', '재한 화교在韓華僑', '여한 화교旅韓華僑', '구 화교舊華僑', '노 화교老華僑', '재한 대민인在韓臺灣人' 등 공식적으로 사용하는 용어조차도 통일되어 있지 않은 실정이다.

그러다가 1992년 한국 정부는 오랜 우방관계였던 중화민국(ROC)과 외교관계를 단절하고 중화인민공화국(PRC)과 외교관계를 수립한다. 중국을 대표하는 유일합법정부 또한 중화민국에서 중화인민공화국으로 변경되면서 그 결과 중화민국은 타이완으로, 중화민국 정부는 타이완 정부로 전락된다. 때문에 이때부터 재한 중국인의 범주에는 오랫동안 '재한 화교'로서 법적 지위를 누려 왔던 '중화민국 여권을 소지한 중국인'과 한·중 수교로 새롭게 중국 대륙에서 유입되어 한국에 정착하는 '중국 국적의 중국인'이 혼재하는 양상을 띠게 된다. 이미 앞에서 설명하였듯이 화교란 본래 국적에 충실한 개념이기에 한족漢族, 조선족朝鮮族 등 민족적 구분을 하지 않음은 물론 중국 국적을 갖고 있기만 하면 모두 화교라고 할 수 있다는 것이 중국의 공식적인 입장이다. 이 점을 고려한다면 기존의 '재한 화교'로 불리던 '중화민국 여권을 소지한 중국인'은 물론, 한·중 수교 이후 새롭게 중국 대륙에서 입국한 한족을 비롯해 한국에서 한국계 중국인 또는 중국 동포로 불리 우는 조선족 등 현재 '중국 국적을 가진 중국인'까지 전부 '재한 화교'라 할 수 있을 것이다.

다만 이들 모두를 '재한 화교'라고 칭하게 되면 과거에 관행적으로

'재한 화교' 또는 '한국 화교'라고 불렸던 기존의 '재한 화교'와의 용어 혼란 문제가 필연적으로 존재하게 될 것이며 사회통념과도 일치하지 않는다. 또한 그들은 이주 시기와 체류 목적, 정착 동기 또한 너무 상이하기에 국제법의 기본원칙에 따라 국내에 체류하는 중국 국적의 한족과 조선족을 비롯한 소수민족 등을 불문하고 국적개념에 기초하면서도 기존의 '재한 화교'라는 명칭과도 구분을 하기 위해 새로운 용어의 정립과 함께 그들의 이주, 정착, 적응에 대해 재검토할 것이다. 물론 새로운 용어 도입으로 논란이 예상되기도 하지만 이 논문의 특성 및 성격상, 그리고 한국 내에 증가하고 있는 중국 대륙 출신의 중국인들을 호칭할 수 있는 적당한 용어를 정립하여 사용하고자 한다.

그리하여 본 연구에서는 1992년 이전의 '중화민국 여권을 소지한 중국인'을 '구 화교'로, 1992년 한·중 수교 이후 새롭게 중국 대륙으로부터 한국에 입국하여 장기 체류하고 있는 한족, 조선족을 비롯한 '중화인민공화국 국적을 소지한 중국인'은 '신 화교'로, 그리고 이들 모두를 설명할 필요가 있는 경우 '재한 중국인'으로 이를 각각 구분하여 사용하고자 한다.

한국에서 화교 디아스포라는 이주 역사가 130년에 달하는 대표적인 한국의 이異민족 소수집단이다. 현재 재한 중국인의 현황을 이해하고 분석하기 위해서 역사적인 맥락 속에서 화교의 이주, 형성 및 정착 그리고 사회적 적응을 살펴볼 필요성이 있다고 생각된다. 한국 화교만의 특수성의 근원은 그러한 이주 과정과 정착 과정을 통해서 그 특유의 정체성이 완성되었기 때문이다.

## 2 ▌한국 화교의 이주 및 정착

중국에서 유일하게 한국 화교를 다룬 저서인 양자오취앤·쑨위메이의 『조선화교사』에서는 한국 화교의 역사를 고대, 근대, 현대로 나누어 편년체 역사기술 방식으로 정리를 하였다. 기원전 11세기 은殷나라 말, 기자箕子를 화교의 기점으로 보며 1840년까지를 고대 부분으로, 1840년부터 1945년를 근대사로, 1945년부터 현재까지를 현대사로 시기 구분하여 인구현황, 경제, 교육 현황뿐만 아니라 역사적인 사건들을 정리하여 역사학적 해석 체계를 갖추어 정리했다. 양필승·이정희(2004)는 한국 화교의 역사를 정착기(1882~1904), 발전기(1905~1930), 침체기(1931~1945), 일시적 회복기(1946~1949), 쇠퇴기(1950~1989), 재도약기(1990년 이후)의 시기로 화교의 역사를 시기별로 구분하고 있다.[6] 하지만 이러한 역사 분류법은 단순 중국 역사, 한국 역사 편년체계를 기준으로 한 정리로 한계를 가진다. 특히 한국 화교를 연구함에 있어 중국 역사의 기술체계뿐만 아니라 한국이라는 거주국, 그리고 시대적, 사회적 영향, 역사적인 사건들을 고려하지 않을 수 없다. 또한 일본이라는 제3의 영향에 대해서도 더욱 말할 나위가 없이 고려를 해야 한다. 때문에 이러한 편년체 역사 분류법보다는 좀 더 체계적인 분류가 필요하다.

본 연구자는 위의 선행 연구들을 바탕으로 출신국, 거주국, 제3국, 그리고 시대적, 사회적 영향, 역사적인 사건들을 바탕으로 새롭게 한국 화교의 역사를 분류하고자 하였다. 즉 화교의 이주, 정착 시기를 1882년부터 한일합방 이전인 1910년으로, 1911년부터 1930년까지 일제 통치 기간을 화교 발전의 시기, 1931년부터 1945년을 화교 사회 침체기, 1945년 한국 정부 수립부터 1953년 한국전쟁 휴전 협정 까지를 한국화교의 정체성 형성 시기, 1953년부터 1992년 한·중 수교 이전까지 쇠퇴기, 1992년 한중 수교 이후 새로운 전환기로 분류를 하고자 한다.

임오군란(1882) 이후 대원군과 명성황후 사이의 정치적 갈등이 심화되면서 원병 요청으로 1882년 8월 조선과 청국이 〈조청상민수륙무역장정朝淸商民水陸貿易章程〉 체결을 계기로 한국에 온 청나라 군사 4천여 명과 군수품 보급을 위해 함께 동행한 교역상인 40여 명이 한국 화교 사회의 시작이라고 하는 견해가 현재로서는 가장 주도적이다.[7] 그 후 1884년 〈인천구화상지계장정仁川口華商地界章程〉을 체결하고 인천지역에 화상조계華商租界를 설립하며 다수의 화상들이 조선으로 대거 유입되었다. 화교들의 본격적인 한반도 이주도 이 시기로부터 시작되었다고 할 수 있다. 청군의 장기 주둔에 따라 동행했던 교역 상인들도 2년 이상 한국에 거주하면서 한국 화교의 효시가 되고 한국 화교의 정착기를 열게 된다. 1884년에는 서울과 인천에서만 588명이 영업을 하고 있을 정도로 성장했다. 이와 같이 한국 화교는 이주 초기에 스스로 생명력을 키워 나갔던 동남아시아 지역과는 달리 청국군의 비호 아래 비교적 수월하게 세력을 확장해나갔다고 할 수 있다.[8] 당시의 화교의 파견이 청국 정부의 주도하에 진행된 배경에는 당시 청나라의 외교적 정책에 근거한 것이다. 즉, 청나라는 일본의 조선침략을 저지하고, 조선에 대한 종주권을 유지하고자 하는 관점에서 조선으로 하여금 구미 각국과 통상 조약을 권장하는 것으로 일본을 견제하려 했고, 조선 안에서는 경제적 세력을 확대하고자 하였던 것이다.

이후 1895년 청일전쟁에서 청나라가 패함에 따라 한국에서의 화교의 상업 활동에 위기가 왔지만, 1895년부터 1904년의 10년간 조선의 수입금액輸入金額에서 청나라가 차지하는 비중이 1885~1894년간의 약 32.5%와 비슷한 수준인 31.8%를 차지하고 이 수입을 대부분 화상이 담당함으로써 무역업에 있어서 화상의 위상은 전혀 위축되지 않았다. 당시 면직물의 주요 수출국은 영국이었는데 영국의 수출품이 상하이를 중계항으로 하여 중국 각지, 조선, 일본, 동남아시아로 수출되었다. 화상은 이 중계 무역을 독점하고 있었던 것이다.[9] 당시의 중국으로 부터의 이주 세력은 과거 정치적 비호세력을 등에 업은 상인들이 아닌, 새로운 생계를 찾아 나선 영세 상인들로 구성되었다. 이들 화상들은 1900년 무렵에 마직물이나 비단, 한약재, 소금 등을 수입하고, 한국의 인삼이나 해산물을 중국에 수출하면서, 한국에서 상권을 확대하고 있었다.[10]

청일전쟁 이후 중국인들의 이주 배경에 대해서는 중국 국내의 상황을 살펴볼 필요가 있다. 초기 이주가 청정부의 주도하에 이루어졌다고 한다면, 청일전쟁 이후의 화교들은 중국 내 자연재해 및 혼란한 국내 정세를 피해, 생계를 찾아 스스로 이주했기 때문이다. 한국 화교는 특히, 산둥 출신들이 가장 많다는 특징을 가지고 있는데, 이것은 이 당시 산둥 지역에서 일어난 자연재해와 사회적 여건이 이 지역 주민들의 해외 이주를 촉발시켰기 때문이다. 즉, 당시 산둥지역은 황하의 범람으로 인한 상습 재해 피해 지역이었으며, 또한 1898년 경자사변庚子事變 즉, 의화단운동義和團運動[11]으로 인하여 사회적 불안이 극심했던 시기였다. 이러한 이유로 이 지역 주민들은 지리적으로 가까운 한국으로의 이주를 했을 가능성이 높다.[12] 20세기에 들어서도 중국인들의 해외 이주는 계속 이어지는데, 이는 청일전쟁 이후의 중국 사회의 변화에 기인한다. 서구 열강들에게 문호를 개방함으로 말미암아 중국의 수공업과 농업 기반이 붕괴되었으며, 이는 하층 농민의 해외 이주를 촉발시켰기 때문이다.

러일전쟁 이후 조선총독부 또한 화교의 상행위商行爲에 대해서는 보호하였는데, 당시 일본의 우월한 면직물이 조선으로 유입됨에 따라서 화교들은 비단 및 삼베의 대중 무역으로 활로를 찾게 되면서 한국 화교는 일제강점기에 오히려 발전기(1911~1930)를 맞게 되었다. 1926년에는 전체 화교 인구 4만 6,541명 중 52%인 2만 4,119명이 주단·포목상 등 상업에 종사할 정도로 화교의 상업 활동이 활발하게 되었다.[13] 당시의 화교 인구의 규모를 살펴보면 1907년 7,902명 시작으로 1923년에는 3만 3,654명으로 한국 내 화교 인구가 증가하였다. 또한 1923년 당시에는 남자 인구가 2만 9,947명인데 비하여 여자 화교의 수는 3,707명에 불과하였다.[14] 이는 당시의 화교의 유입은 전형적인 이민 초기의 특징을 보여 주고 있는 것이다. 즉, 남자의 이민이 먼저 이루어지고 안정적인 정착 단계에 가족이나 배우자를 동반하는 이민 형태의 초기 단계의 모습이라고 하겠다. 이러한 상황은 화교들의 직업을 상인에서 노동자로 전환시키는 계기가 되어 한국에서 화교 노동자를 자주 볼 수 있게 되었고, 이후 중국에서 노동자들이 한국으로 대거 들어와 화교 노동자의 수는 점점 증가하게 되었다. 한국으로 이주한 화교 노동자들은 대체로 인천항을 이용했다.

이 시기 인천에서 조사한 통계 자료에 따르면 1923년 1월부터 3월까지 인천항으로 입국한 노동자들이 만 명에 달했다.[15] 이들 화교 노동자들은 인천을 거쳐 다른 지역으로 재이주해 갔다. 화교 노동자들은 인천뿐만 아니라 국경이 가까운 신의주 또는 다른 항구를 통해 들어온 것으로도 파악되는데, 부산항을 경유해 들어온 노동자들도 상당히 많았다. 하지만 건설 현장 및 광산 등에 고용된 당시의 중국인 노동자의 90% 정도는 계절성 노동자로서 화교라고 부를 수 있는 집단은 아니라는 주장[16]도 있다. 당시 중국 노동자의 조선 유입은 조선 노동계에서 양국 간의 갈등을 유발하는 요인으로 작용하였다. 중국인 노동자는 당시의 조선인에 비해서 비교적 임금이 저렴한데도 불구하고, 매우 성실하고 근면한 편이어서 조선 노동자의 생계를 위협하고 있었기 때문이다.

1930년대 일본이 만주국을 세우면서 대중 무역 활동의 중계 역할이 만주로 넘어가고 일본 상인과 조선 상인이 무역의 중심에 서면서 무역업으로 성장하여 온 한국 화교는 큰 타격을 입게 되었다. 더욱이 조선총독부가 중국인의 신규 유입을 제한하고 중일전쟁과 태평양전쟁이 발발하면서 한국 화교는 침체기(1931~1945)를 맞게 되었다. 1930년까지 꾸준하게 증가하던 화교 수는 1931년 급격하게 줄어들었다. 그 후 1930년대 중반에 다시 늘기 시작하다가 1937년부터 한 번 더 줄어들었다. 화교 수가 줄어든 두 시기는 화교와 관련된 중요한 사건들이 발생했기 때문이다. 1931년 한국 내에서 화교 탄압의 원인이 된 만보산 사건[17]이 일어났고 1937년에는 중일전쟁이 일어나서 많은 화교들이 중국 본국으로 귀환하였기 때문이다. 2차 세계 대전의 영향으로 중국인의 한국 유입이 사실상 중단되었는데, 1945년에는 6만 2,248명으로 파악되었다.[18]

그리고 1945년 해방 이후 한국 화교는 정체성의 형성기(1945~1953)를 맞게 된다. 전후 대부분의 공장 시설이 파괴된 가운데 한국은 소비재 부족에 시달리게 되었는데 이 부족한 소비재는 중국에서의 수입으로 해결되었다. 당시 한중 무역의 주요 통로는 홍콩이었는데, 해방 직후 중국은 남한의 유일한 무역 상대국으로 1946년 중국은 한국의 수출에서 82%, 수입에서 84%를 차지하고 있었기 때문이다. 1949년에는 화교 무역회사가 서울에 36개, 인천에 27개가 운영되었다.[19] 해방 직후 6만 2,248명에 달하던 한국 화교는 대한민국 정부가 수립되던 1948년 말에는 1만 7,443명에 불과한 것으로 나타났는데 이는 당시 북한 지역의 중국인에 대한 현황이 파악되지 않았기 때문이다. 해방 공간에서 화교의 무역업이 활발히 전개됨에 따라 화교 경제가 활기를 되찾고 화교 인구도 급속히 증가한다.[20] 하지만 1948년 대한민국 정부 수립과 더불어 외국인 출입을 규제하자 중국인의 한국 이주는 철저히 중단되었다. 또한 1949년 중국의 공산당 정부 수립과 1950년 한국전쟁은 한국 화교에 큰 타격이 되었다. 제2차 세계 대전이 종료된 후, 당시 냉전체제의 대립으로 한국 화교 사회 역시 남북한으로 대립된다. 한국이 한국 국민들에게 국가 아이덴티티를 형성하는 중요한 역할을 했다면, 한국전쟁은 한국에 거주하는 화교들에게 역시 국가 아이덴티티 형성에 중요한 작용을 한다.[21]

한국전쟁이 잠정 종료되고 한국도 남과 북으로 분단하게 되면서 한국 화교는 쇠퇴기(1953~1992)로 들어서게 된다. 한국전쟁이 주로 화교 무역상이 활동하던 서울과 인천 등지에 큰 피해를 입혔을 뿐만 아니라 중국 공산당 정부의 수립으로 중국과의 정치적 대립으로 무역이 중지되었기 때문이다. 더욱이 한국 정부가 수입허가제 등을 통하여 한국 무역상에게 유리한 조치를 취하면서 1954년에 화교 무역상이 2개로 줄어들 정도로 화교 무역업은 거의 몰락하였다.[22] 1952

년에는 중국과의 무역이 전체 수입에서 2%, 수출에서는 0.2%로 급감함에 따라 한국의 화교 무역은 급속히 쇠퇴했다. 이러한 대외 환경 변화 속에서 화교 무역상은 타이완과의 무역을 모색하였지만, 당시의 타이완은 한국과의 정치적 우호 관계에도 불구하고 경제적 교류는 매우 빈약한 실정이었다. 이처럼 양국 간의 교역이 활발히 이루어지지 않은 이유는 양국의 산업 구조가 비슷하여 상호 보완적인 경제 관계가 아니었기 때문이었다.[23] 또한 1961년 〈외국인토지소유금지령〉을 필두로 취해진 각종 화교 차별·배제 정책과 조치는 화교가 농업, 제조업 등 산업에 종사하는 것조차 어렵게 만들었으며 일상생활에서조차 많은 불편을 느끼게 만들었다. 이와 같은 국내적 요인에 국외적 요인이 겹치면서 한국 화교의 숫자는 1974년을 정점으로 계속 감소 추세에 있다. 박은경(1986, 133쪽)은 70, 80년대 한국 화교의 제3국으로의 재이주는 한국의 대 화교 차별 정책에 인한 것이라고 해석한다.

그러다 1990년대로 들어서면서 탈냉전 시기의 도래로 이데올로기의 대립을 초월하여 한국과 중국은 새로운 외교관계를 회복하게 된다. 1992년 8월 24일 한국은 중화인민공화국People's Republic of China으로 승인된 중국과 새로운 외교관계를 수립하면서 1992년 이전 중화민국Republic of China으로 승인되던 타이완과는 외교관계를 단절하게 된다. 중화민국은 중국을 대표하던 유일합법 정부에서 하나의 독립된 국가가 아닌 단순한 중국의 지역 정부 성격을 띤 상태가 되며 국가로서의 타이완은 존재하지 않게 된 것이다.[24] 또한 중국이 개혁개방을 필두로 급격한 경제 성장을 거두며 한국과 중국의 인적·물적 교류가 빈번해지면서 한국 사회의 중국에 대한 새로운 인식과 정부

의 정책 변화가 나타난다. 특히 외환 금융위기 발생 이후 한국 정부
는 제도적으로 한국 화교에 대한 차별과 배제를 완화하면서 화교의
사회적 법적 지위 향상을 개선한다. 한편, 1992년을 계기로 중국과의
교류가 확대되면서 중국 국적의 이주노동자, 결혼 이주자, 고학력 우
수 인력, 유학생, 투자 이민 등 이른바 기존의 중화민국 국적의 구
화교들과는 구분되는 중국 대륙 출신의 신 화교[25]가 새롭게 한국 사
회로 대거 유입[26]되면서 한국의 화교 사회는 새로운 전환기를 맞이
하게 된다.


## 3 ┃ 한국 구 화교 인구 변화 추이

현재 한국 화교라고 불리는 구 화교는 19세기 말부터 중국 대륙에
서 한반도로 건너온 중국인과 그 후손들이며 국적은 여권 상 중화인
민공화국이 아닌 중화민국 즉 타이완으로 되어 있다. 1882년 인천
조계지를 중심으로 한국에 거주하게 된 중국 상인들을 화교의 시초
로 보는 설이 현재로서는 가장 유력하다. 양필승·이정희(2004)에 따
르면 그 당시 화교 인구가 인천 조계지를 중심으로 약 235명에 달했
다고 한다. 또한 중국 국내 군벌 난과 자연재해로 산둥 지역의 많은
사람들이 지리적으로 가까운 한반도로 이주하여 정착하였다고 보고
있다.

(단위: 명)

| 연도 | 인구 | 연도 | 인구 |
|------|------|------|------|
| 1911 | 11,837 | 1931 | 36,778 |
| 1916 | 16,904 | 1935 | 57,639 |
| 1920 | 23,989 | 1940 | 63,976 |
| 1925 | 46,196 | 1942 | 82,661 |
| 1930 | 67,794 | 1945 | 62,248 |

〈표 4-1〉에서 보다시피 1911년 한일 합방 이후 화교 인구는 1만 1,837명에서 매년 지속적으로 증가하여 1930년에는 6만 7,794명을 기록한다. 그러다가 1931년 만보산배화사건萬寶山排華事件을 계기로 본국으로 귀환하는 중국인들이 많아 1931년에는 3만 6,778명으로 줄어들었다가 중국 국공내전國共內戰으로 국내 사회혼란과 전란을 피해 또다시 많은 중국인들이 한반도로 이주하기 시작한다. 1935년에는 5만 7,639명으로 증가하여 1942년에는 화교 인구의 최고점인 8만 2,661명으로 그 숫자가 큰 폭으로 늘어났으며 제2차 세계대전 종료와 함께 한국 해방 직후인 1945년에는 6만 2,248명을 기록한다.

제2차 세계대전의 종언과 함께 정치적 대립으로 한국에 미군정美軍政이 설치되면서 한국에 거주하던 중국인들은 중국 대륙 출신이라는 성분으로 정치적으로 적대 국가의 국민으로 처우를 받게 된다.[28] 또한 중국 대륙이 공산화되면서 중국 대륙으로부터의 인구 유입은 차단되어 인구수는 자연 증가에 의존하였기에 증가율은 둔화되고 양적으로도 정체되기 시작한다. 또한 한반도 내 정치적 혼란과 남북 분단으로 대한민국 정부가 수립되던 1948년 말 통계에는 약 1만 7,443명[29]의 화교들이 한국에 거주하는 것으로 파악되었다. 1949년에는 대한민국 정부가 국민당 정권의 중화민국을 중국을 대표하는 유일합법정부로 승인하면서 중화민국대사관中華民國大使館이 서울에 설치되고 당시 한국에 체류 중이던 중국인들이 '재외국민 등록'을 하게 되면서 자연스럽게 중화민국 국민으로 등록된다. 그러나 1950년 한국전쟁의 발발로 남북이 분단되면서 한국에 체류 중이던 화교 사회도 자신들의 의사와는 무관하게 남북으로 양분된다. 북한에 체류 중이던 중국인들은 북한과 외교관계를 맺고 있던 중국에 의해 중국 국민으로, 남한에 체류 중이던 중국인들은 중화민국에 의해 중화민국 국민으로서 법적 지위가 달라지는 역사를 갖게 된 것이다. 남북한 지역별 분포 현황을 살펴보면 이주 초기에는 비슷하였으나 일제강점기 초기부터 해방 직후까지는 북한에 거주하는 화교 수가 남한보다 5배 많은 것으로 확인된다.[30]

한편, 1963년 대한민국 정부는 〈출입국관리법〉을 제정하며 중화민국 국민으로 편입된 중국인들에게 거주 자격을 부여하는 등 법적 지위를 인정하게 되며, 선진국형 산업구조를 토대로 경제성장을 이룩하고자 투자 유치 문호 개방 등 여러 가지 대외정책을 추진한다. 특히 당시 자유진영 우방이었던 타이완과의 인적·물적 교류가 활발해지면서, 새로운 인구 유입도 증가하면서 1970년까지 매년 화교 인구 수가 소폭이나마 늘어나게 된다.

<표 4-2> 대한민국 정부 수립 ~ 한·중 수교 이전 구 화교 인구 변화[31]

(단위: 명)

| 연도 | 인구 | 연도 | 인구 |
|---|---|---|---|
| 1948 | 17,443 | 1970 | 34,599 |
| 1950 | 17,687 | 1980 | 29,676 |
| 1953 | 21,058 | 1990 | 21,843 |
| 1960 | 24,723 | 1992 | 24,414 |

박현옥·박정동(2003)의 화교 인구 통계에 의하면 한국의 구 화교 숫자는 1974년 3만 4,913명을 정점으로 감소하기 시작하여 한·중 수교 직전인 1990년에는 2만 2,842명으로 34.6%나 감소하였다. 화교 인구가 줄어들기 시작한 때는 1970년대 초부터이며 1972년부터 약 20년간 1만여 명의 화교 인구가 줄어들었다. 한국 화교들이 가장 많이 이주해 간 곳은 미국과 타이완으로 파악되고 있는데, 1970년대부터 1980년대 초까지 10년간 미국으로 이민을 간 한국 출신 화교가 1만 4천 명에 달한다고 한국화교협회는 통계한다.[32] 이러한 미국과 타이완으로 이주가 급격하게 증가한 요인은 대외적으로는 1965년 이민을 보다 쉽게 허용하도록 개정한 미국의 이민법과 타이완 정부의 해외 화교에 대한 처우 우대정책에 기인한 것으로 분석되며, 대내적으로는 대한민국 유신헌법維新憲法이 선포되면서 유신체제로 전환되어 자유민주주의와 시장경제 체제의 후퇴로 인한 인권 보장 제도 등 정치적 상황이 불안했던 것으로 분석된다.[33]

전체적인 인구도 계속 감소 추세에 있어 현재 약 2만여 명에 불과하지만 뚜렷한 문화적 정체성을 유지한 채 한국에서 유일한 소수민족 집단으로서 위상을 굳건히 차지하고 있다. 법무부(2007)의 통계에 따르면 한국 구 화교의 숫자는 2만 2,047명으로 집계되고 있다. 이를 지역별로 살펴보면 서울, 인천이 전체의 50% 이상을 차지하고 경기도를 포함하면 그 비율이 60% 이상에 달한다. 그리고 부산, 대구, 광주 등 대도시에 거주하는 구 화교 인구가 상대적으로 많은 것으로 드러났다. 아래의 〈그림 4-2〉은 최근 몇 년간 구 화교의 인구 증감 추이를 나타낸다. 2001년 2만 3,002명에서, 2006년 2만 2,165명으로 완만한 감소세를 보이고 있기는 하지만, 그 추세가 점차 정체되고 있는 것을 알 수 있다.

〈그림 4-2〉 최근 한국 내 구 화교 인구 현황

(단위: 천 명)

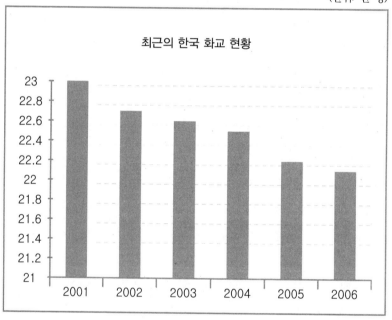

한편, 아래의 그림은 최근 몇 년간 한국 구 화교들의 체류 자격별

거주 현황을 보여 주고 있다.[34)]

〈그림 4-3〉 한국 내 구 화교의 체류 자격별 현황

(단위: 천 명)

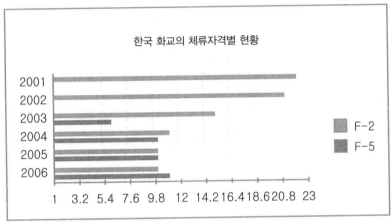

위의 도표에서 보듯이 구 화교들의 숫자는 양적으로 최근 몇 년 동안 거의 변동이 없었으며, 단지 2002년부터 시행된 비자 제도의 변경이 눈에 띈다. 바로 F-5 비자의 도입이 그것인데 매 5년 마다 중대한 범죄를 저지르지 않는 한 체류 기간 연장을 받지 않아도 강제로 퇴거당하지 않는 영주권 제도로써 화교들의 안정적인 사회생활을 가능하게 하는 촉진제 역할을 하였다. 〈그림 4-3〉에서 보듯이 기존의 F-2비자의 비율은 점차 줄어들면서 그 자리를 F-5비자가 대체하고 있다는 의미는 구 화교들이 영주권을 취득하면서 그만큼 한국 내의 '정주定住'를 희망하고 있다는 반증으로 보인다.

# 주

1) 여기서 한국은 호칭의 문제가 존재한다. 분단된 한반도 전체를 남한과 북한이라는 말로 구분하는 이 호칭은 한국에서만 통용되는 호칭이다. 북한은 국호를 조선민주주의인민공화국으로 쓰고 있어 공식명칭을 줄여 조선이라고 부른다. 또한 한반도를 조선반도라고 부르며, 한민족이라는 명칭 대신 조선민족이라는 말을 사용한다. 때문에 한국 화교의 이주와 정착을 살펴보면서 한국 화교는 한반도 전체의 화교들을 연구 대상으로 했다. 다만 본 연구의 주체는 한국 화교의 문제로, 이때 한국 화교는 38선 이남의 대한민국에 거주하는 화교들을 분석대상으로 살펴본다. 때문에 한국 화교라는 명칭은 때로는 혼용되어 사용됨을 미리 밝힌다.

2) 청태종清太宗 숭덕년간崇德年間 조선정부가 북도개시제(「北道開市制」)라는 문호 개방정책의 일환으로 중조변경中朝邊境에 근접한 신의주新義州, 회녕會寧, 경원慶源 등 국경지역에서 연 1~2회에 한해 물물교환 형식으로 왕래가 이루어졌는데 그 기일은 20일간에 불과했기 때문에 일시적인 체류라 할 수 있으나 이주로 보기에는 무리가 있다. 이 시장은 청시淸市라고 불렸다. 개시 기간 내내 중조양국中朝兩國의 삼엄한 경비 하에 변경교역邊境交易에 국한되었던 상황에서 〈조청상민수륙무역장정朝淸商民水陸貿易章程〉 체결 이후 내륙 통상과 항만 무역의 형태로 전환된 것이다.

3) 王正延, 『朝鮮華僑槪況』, 漢城出版社, 1930, 5쪽 참조.

4) 華僑志編纂委員會, 『韓國華僑志』, 臺灣: 海天印刷廠, 1958, 52쪽.

5) 한국 정부 수립 이후, 냉전체제가 형성되면서 한국은 대만과 외교관계를 수립하며 대만을 유일합법 정부로 인정한다. 때문에 그 당시 별다른 신분증 없이 지내던 한국에 거주하던 중국인들은 1954년 당시 중화민국 주한 총영사관의 "華僑居住許可證"을 받으며 제도적인 대만의 국민으로서 대만 국적을 취득하게 된다(박상순, 「재한중국인의 법적지위에 관한 연구: 대만계 중국인을 중심으로」, 인천대학교 대학원 석사학위논문, 2001, 10쪽).

6) 양필승·이정희, 『차이나타운 없는 나라: 한국 화교 경제의 어제와 오늘』, 32~65쪽 참조.

7) 박은경, 「화교의 정착과 이동: 한국의 경우」, 275쪽 참조.

8) 전우용, 「한국사의 특수신분: 한국근대의 화교문제」, 『한국사학보』 15, 고려사학회, 2003, 377~409쪽.

9) 양필승·이정희, 『차이나타운 없는 나라: 한국 화교 경제의 어제와 오늘』, 32~36쪽.

10) 강진아, 「중일 무역마찰의 전개와 한중관계의 변화」, 『근대 전환기 동아시아 3국의 한국 인식』, 동아시아학술원, 기초학문육성지원 사업학술회의, 2003, 178~186쪽 참조.

11) 의화단 운동義和團運動 또는 북청사변北淸事變 청나라 말기 1899년 11월 2일부터 1901년 9월 7일까지 산동 지방, 허베이河北 지역에서 의화단이 일으킨 외세 배척 운동이다. 산동 지역에서는 일찍이 의화권義和拳이라는 민간 결사가 생겨나 반외세 운동을

160  재한 중국인을 통해 본 한국적 다문화주의 전개

벌이고 있었는데 1897년 독일이 산둥 일대를 점령하자 의화권의 반외세, 반기독교 운동이 격화됐다. 비록 청나라 정부와 농민들로부터 열렬한 지지를 받았지만 1901년 외세의 힘으로 진압되며 폭동의 진원지였던 산둥 지역은 아수라장으로 변한다.

12) 日本外務省 通商局, 「華僑の硏究」, 1929, 11쪽 참조.

13) 양필승·이정희, 『차이나타운 없는 나라 : 한국 화교 경제의 어제와 오늘』, 32~36쪽 참조.

14) 김희용, 「일제강점기 한국인의 화교배척」, 한국교원대학교 교육대학원 석사학위논문, 2009, 10쪽.

15) 김희용, 「일제강점기 한국인의 화교배척」, 9~10쪽 참조.

16) 양필승·이정희, 『차이나타운 없는 나라 : 한국 화교 경제의 어제와 오늘』, 47쪽.

17) 1931년 7월 중국 지린吉林 성 창춘長春 현에서 한인 농민과 중국인 농민 사이에 일어난 충돌이며, 대륙 침략의 구실을 찾던 일제의 민족 이간 정책이었다. 한국 내 화교 배척 사건으로 많은 사상자를 초래했으며, 늘기 시작하던 화교 인구가 급속하게 줄어든 계기가 된다.

18) 박경태, 『소수자와 한국 사회 이주자 화교·혼혈인』, 후마니타스, 2008, 141~157쪽.

19) 양필승·이정희, 『차이나타운 없는 나라 : 한국 화교 경제의 어제와 오늘』, 65쪽 참조.

20) 박경태, 『소수자와 한국 사회 이주자 화교·혼혈인』, 141~147쪽 참조.

21) 王恩美 『東アジア現代史のなかの韓国華僑─冷戦体制と'祖国意識』, 三元社, 2008, 114~115쪽.

22) 양필승·이정희, 『차이나타운 없는 나라 : 한국 화교 경제의 어제와 오늘』, 65쪽 참조.

23) 박경태, 『소수자와 한국 사회 이주자 화교·혼혈인』, 147~157쪽 참조.

24) 중화민국 국호사용과 관련하여 한국 정부는 1997년 7월 10일에 중화민국의 국가명을 'Chinese Taipei'에서 'Taiwan'으로 변경하여 사용하도록 지시한다. 하지만 한중 수교 이후에도 한국 내에 체류하는 한국의 화교들은 여전히 중화민국에서 발급한 여권을 가지고 다니고, 자신을 중화민국 국민이라고 주장하며 한국은 이를 용인한다(법무부 내부문서 1997.07.10. 기록 12410-583).

25) 본 연구에서는 그동안 한국에서 화교로서 법적 지위를 누려왔던 한국 화교와 1992년 한·중 수교 이후 중국 대륙 본토로부터 한국으로 유입된 중국인들을 각각 구 화교와 신 화교로 구분지어 논의하고자 한다.

26) 1992년 수교 당시 한국에 체류 중인 중국 국적자(한국계 중국인 포함) 수는 935명이었다가, 10년 뒤인 2002년에는 8만 4,590명으로, 또 10년 뒤인 2012년 3월 현재는 69만 1,307명으로 기하급수적으로 증가했다.

27) 박상순, 「재한중국인의 법적 지위에 관한 연구: 대만계 중국인을 중심으로」, 23쪽 참조.

28) 박상순, 「재한중국인의 법적 지위에 관한 연구: 대만계 중국인을 중심으로」, 24~26쪽 참조.

29) 고려문화사, 「화교는 남한에 어떻게 분포되고 있나?」, 『民聲』 3월호, 1950, 46~47쪽. 당시 북한 지역의 중국인에 대한 통계가 이루어지지 않아 남한지역에 거주하던 중국

인 수만 통계된 것으로 보인다.

30) 박은경, 「화교의 정착과 이동 : 한국의 경우」, 67~69쪽 참조.

31) 박상순, 「재한중국인의 법적 지위에 관한 연구: 대만계 중국인을 중심으로」, 28쪽 참조하여 재구성.

32) 僑務委員會韓華服務站 www.ocac.or.kr에는 美國齊魯韓華會館 www.santunghanhwa.com, 韓華基金會(美國) http://www.hanhwafoundation.org 등 미국에 거주하는 '한국 화교'들의 사이트들을 소개하며 네트워크 공동체를 이루며 활약 중인 '한국 화교'들의 정체성을 소개하고 있다.

33) 박현옥·박정동, 「한국 화교(인천화교)의 경제활동 및 사회적 지위에 관한 연구」, 92쪽 참조.

34) 법무무 출입국·외국인 정책본부 통계 자료. 2006 통계 연보 참조하여 구성.

# 3 신 화교의 유입과
# 화교 사회의 새로운 변화

## 1 ▌신 화교·화인의 형성과 특징

개혁개방 정책 이후, 중국에는 새로운 이주 열풍의 에너지가 생성
되고 있다. 사회 경제발전에 힘입어 서구 선진국과의 국교 정상화는
중국인에게 합법적인 이민의 통로를 제공해 주었고 이를 계기로 세
계 각지의 화교 디아스포라와 혈연관계를 맺고 있는 중국인들은 친
척방문, 유학, 투자이민, 상업이민 등 이유로 해외 진출 러시를 이루
고 있다. 이러한 해외 진출은 중국 대륙지역에 국한되어 나타난 것
이 아니라, 홍콩, 마카오, 타이완 등 지역의 중국계 인구들이 전면적
인 이동하는 상황으로 발전되었고, 또한 동남아에 이주하여 정착해

살던 중국계 인구들마저 다른 지역으로 재이주하는 현상으로 두드러지는 것이 특징이다. 이러한 70년대 후반부터 본격화되고 있는 중국인 디아스포라 유입을 '신 화교·화인'이라고 발표한 2011년 『화교·화인 연구보고서华侨华人研究报告2011』[1)]에서 정의하고 있다.

개혁개방 이후 30여 년 동안 해외로 이주한 인구가 450만 명을 넘어섰으며, 그중 162만 명이 해외 유학생 신분으로 출국 한 것으로 밝혀졌다. 이 중 귀국한 학생은 49만 7천 명에 불과해 상당수의 유학생들이 현지 거주국에서 정착하여 살고 있는 것으로 나타났다. 또한 합법적인 이민의 통로뿐만 아니라 불법적인 이민도 불가피하게 발생하여 현재 중국인의 해외 이민자수는 중국 정부에서 통계한 전체 화교·화인 인구 4,543만 명을 훨씬 웃돌 것으로 보고 있다. 새롭게 진행되고 있는 중국인의 해외 이주는 그 형성과 정착이 기존 과거 형태의 화교와는 뚜렷이 다른 면모를 보인다. 앞에서 논의했던 바와 같이 1980년대 이후 새롭게 나타난 중국인들의 이주 경향의 가장 큰 특징은 자의적이고 의도적인 외국행이라고 할 수 있다. 또한 이들이 선택한 이주 대상국도 미국, 캐나다, 호주, 유럽 등 서구 선진국이며, 고학력과 이주 전의 경제적인 상태도 아주 좋은 편이다. 이들은 주로 해외 유학 후 정착하거나 국외의 가족과 함께 살기 위해, 혹은 투자이민이나 상업이민과 같은 보다 유리한 경제 환경을 찾기 위해 이루어졌다. 또한 동남아 화교들이 북미나 유럽의 이민 정책 개선으로 새롭게 재이주하는 등 다양한 양상을 보이고 있다. 이러한 '신 화교화인'의 물결은 중국의 경제 개혁개방 본격화는 물론, 홍콩이 1997년 중국에 반환되는 것에 따른 홍콩인들의 대거 해외 이주도 크게 작용한 것으로 보인다.

새롭게 진행되고 있는 중국인의 해외 이주와 그 정착은 과거의 형태와는 뚜렷이 다른 면모를 보인다. 그뿐만 아니라 이민의 시점에 따라 두 중국인 디아스포라 집단은 정체성 면에서도 뚜렷이 다른 면모를 가진다. 그 가운데 주목되는 것이 바로 출신국인 중국에 대한 자부심이다. 과거 구 화교들이 중국인이라는 정체성보다는 출신지역에 대한 정체성이 앞서 있어 지역 사투리를 쓰는 지역 출신끼리 뭉치는 것을 선호했다면, 현재 신 화교들은 중국 표준어를 구사하며, 특정지역이 아닌 '중국'이라는 세계적인 대국의 국민이라는 자부심과 강한 정체성을 갖고 있다.[2]

## 2 ▌ 한국 신 화교의 형성 및 정착

1992년 한국 정부는 중국을 대표하는 유일합법정부로서 중화인민공화국을 승인함으로써 한·중 양국 간에는 새로운 역사의 장이 열리게 된다. 수교 당시 62억 달러에 불과했던 양국 간 무역 규모는 2011년 기준 2천206억 달러로 35배 넘게 증가했으며, 1992년 수교 당시 4%에 불과했던 한국의 대 중국 무역의존도는 20%를 넘어섰다. 그뿐만 아니라 한국과 중국은 주간 약 837회의 민항기가 오가고 있으며, 2014년 한해 중국을 방문한 한국인은 약 418만 명으로, 2005년 이후 중국 방문 국적 별 외국인 구성에서 매년 1위를 유지하고 있다. 또한 한국을 방문하는 중국인 역시 매년 증가세를 보이며, 2014년 한해 누적 566만 3,482명을 기록해 한국을 방문한 전체 외국인 수의 약 45%를 차지했다. 이렇듯 두 나라는 세계에서 가장 많은 인적, 물

적 교류가 이루어지고 있는 지역으로 성장했다.[3]

<표 4-3> 한·중 수교 이후 재한 중국인 인구 현황

(단위: 명)

| 연도 | 인구 | 연도 | 인구 |
|------|------|------|------|
| 1992 | 중국: 935(한국계: 419)<br>타이완: 22,563 | 2002 | 중국: 84,590(한국계:48,293)<br>타이완: 22,699 |
| 1993 | 중국: 4,824(한국계:2,163)<br>타이완: 22,810 | 2004 | 중국: 208,323(한국계:128,287)<br>타이완: 22, 285 |
| 1997 | 중국: 35,371(한국계:11,800)<br>타이완: 23,150 | 2006 | 중국: 311,823(한국계:221,525)<br>타이완: 21,118 |
| 1998 | 중국: 30,938(한국계:11,769)<br>타이완: 22,928 | 2009 | 중국: 555,082(한국계:377,560)<br>타이완: 21,742 |

출처: 법무부 출입국 외국인 정책본부 통계연보, 1992~2011, 참조하여 재구성.

위의 <표 4-3>과 같이 1992년까지만 해도 한국 내 거류 중인 중국인의 대다수는 타이완 국적을 가진 구 화교였음을 알 수 있다. 수교 이전까지만 하여도 중국 대륙과의 교류가 완전히 단절되어 있었기에 인구 유입이 거의 전무한 상태였으나, 수교 이듬해인 1993년부터 중국 대륙 중국인들이 물밀듯이 한국으로 유입되며 그 수가 매년 폭발적으로 증가하고 있음을 알 수 있다. 이러한 화교 인구 변화 추이를 분석해 보면, 1992년 이전에는 그동안 소위 '한국 화교'라고 불렸던 타이완 국적을 가진 구 화교가 전부였고, 1992년 8월 한·중 수교 이후에는 타이완 국적의 구 화교수는 감소 추세를, 중국 대륙에서의 인구 유입은 폭발적으로 증가 추세를 보이며 앞으로도 이러한 증가 추세는 계속될 것으로 보인다.

그중에서도 한국계 중국인, 즉 조선족들의 증가율이 상대적으로 높은 편이다. 우선 이들은 중국어와 한국어 모두를 구사할 수 있다

는 언어적인 장점뿐만 아니라 정서적으로 같은 혈통을 지녔다는 동
포의식同胞意識으로 인하여 한국의 노동 인력 현장에서 이들을 더욱
선호하였으리라는 것을 미루어 짐작할 수 있다. 실제로 1999년을 기
점으로 한국으로 유입되는 중국인 중 한족과 조선족의 비율은 역전
된다.[4]

　현재 한국 내 체류 거소 등록 외국인 중 중국 국적자수는 2014년
기준으로 89만 8,654명에 달해 타이완 국적을 보유하고 있는 구 화
교의 수(2만 1,381명)를 훨씬 능가하고 있다. 물론 이 중 한국계 중
국인[5]이 59만 850명 정도로 다수를 차지한다.

〈그림 4-4〉 2014년(1~12월) 외국인 입국자 국적별 구성 현황

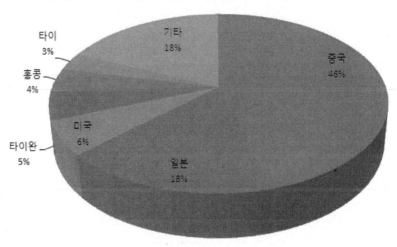

타이
3%

홍콩
4%

타이완
5%

미국
6%

일본
18%

기타
18%

중국
46%

출처: 출입국 외국인 정책본부 통계 자료실, 2014.12.31. 4분기 통계 자료.

　체류 자격 별로 분석해 보면 다음과 같다. 전체 취업 자격 체류
외국인 중 중국 국적자는 29만 4,050명으로 전체 61만 8,516명의

47.5%를 차지한다. 국민의 배우자(결혼 이민자) 중 중국 출신은 6만 663명(한국계 중국인 2만 4,604명)으로 전체 15만 994명 중 40.2%를 차지한다. 또한 한국에서 유학중인 중국인은 5만 5,008명(한국계 중국인 663명)으로 전체 체류 외국인 유학생의 63.6%에 달한다.[6] 물론 이들 모두를 신 화교라고 보기에는 다소 무리가 있기는 하지만, 기존 타이완 국적을 소지하고 한국에 130여 년 동안 세대를 거치면서 정주하여 살아온 구 화교들과는 확실히 차별된다고 볼 수 있다.

〈표 4-4〉 취업 자격 체류 외국인 국적별 구성 현황

| 계 | 중국[7] | 한국계 | 베트남 | 인도네시아 | 캄보디아 |
|---|---|---|---|---|---|
| | 294,050 | 272,638 | 55,163 | 37,614 | 31,232 |
| | 스리랑카 | 타이 | 네팔 | 미얀마 | 미국 |
| 618,516 | 23,787 | 23,783 | 23,335 | 14,320 | 12,117 |
| | 파키스탄 | 캐나다 | 영국 | 일본 | 키르키스스탄 |
| | 4,319 | 3,444 | 2,537 | 1,614 | 1,666 |

※ 전체 취업 자격 체류 외국인 중 중국 47.5%
출처: 출입국 외국인 정책본부 통계 자료실, 2014.12.31. 4분기 통계 자료.

〈표 4-5〉 결혼 이민자 국적별 구성 현황

| 국적 구분 | 계 | 중국[8] | 한국계 | 베트남 | 일본 | 기타 |
|---|---|---|---|---|---|---|
| 전체 | 150,994 | 60,663 | 24,604 | 39,725 | 12,603 | 17,264 |
| 여자 | 128,193 | 48,575 | 17,158 | 39,099 | 11,380 | 8,885 |
| 남자 | 22,801 | 12,088 | 7,446 | 626 | 1,223 | 8,379 |

※ 여성 84.9%, 남성 15.1%.
※ 중국 40.2%, 베트남 26.3%, 일본 8.3%, 필리핀 7.3% 순임.
출처: 출입국 외국인 정책본부 통계 자료실, 2014.12.31. 4분기 통계 자료.

〈표 4-6〉 외국인 유학생 국적별 구성 현황

| 국적명 | 총 계 | 유학(D-2) | 한국어연수 (D-4-1) | 외국어연수 (D-4-7) |
|---|---|---|---|---|
| 총 계 | 86,410 | 61,257 | 25,138 | 15 |
| 중 국[9] | 55,008 | 38,761 | 16,244 | 3 |
| 한국계 | 663 | 604 | 59 | 0 |

※ 전체 체류 외국인 유학생 중 중국 63.6%
출처: 출입국 외국인 정책본부 통계 자료실, 2014.12.31. 4분기 통계 자료.

그동안 한국에서 사회통념상 '한국 화교'라 하면 '중화민국 국적을 가진 중국인'만을 의미하는 것으로 이해되어 왔고, 정책 및 법령도 이들을 대상으로 법적 지위를 부여하여 왔다. 사실 이들은 이민 1세대[10]를 제외하고는 대부분 한국에서 출생하여 한국에서 여러 세대를 거치면서 살고 있다. 그런데 이미 앞에서 언급하였다시피, 1992년을 계기로 중국 대륙 출신의 '중국 국적을 가진 중국인'들이 한국에 입국하여 정착하게 됨으로써 이들을 어떻게 호칭할 것이며, 이들의 법적 지위는 어떤 식으로 부여할 것인가 하는 문제가 대두되고 있다. 이러한 문제는 특히 한국 내에서 관행화된 '한국 화교'의 개념과 '화교'라는 용어가 갖는 본래의 의미 등을 비교할 때 더욱 두드러지게 나타난다. 아직까지 학계에서는 이러한 1992년 이후에 한국에 입국하여 체류하고 있는 중국인들에 대한 명칭에 대한 논의는 없으며, 화교 연구 또한 거의 전부가 한·중 수교 이전 '중화민국 국적을 가진 중국인'인 '구 화교'에 관한 것들이 전부이다.

최근 물론 한국의 언론들을 중심으로 신 화교라는 새로운 용어를 사용하는 경우가 있다.[11] 한양대 양세욱 중국학과 교수는 "신 화교는 대부분은 중국 내에 기반을 두면서 화교 네트워크를 적극 활용하는 고학력 전문업 종사자들로 금융업이나 글로벌 무역업에 종사하는 사람들이다."라고 분석하고 있다. 그는 글에서 신 화교 대부분은 한국이나 중국 양쪽 모두에 경제 기반을 두고 이른바 양국에 일정한 영향력을 키우는 멀티플 베이스Multiple Base 전략을 행사하는 것으로 알려져 있으며, 과거 결혼 및 귀화를 통해 한국에 영구적인 생활터전을 마련했던 구 화교들에 비해 생활패턴이 완전히 다른 중국인들이라고 보고 있다. 특히 최근 은행과 증권사 같은 금융업계와 중국 진출 한국 대기업들이 중국 출신 신 화교 인재 등용에 관심이 많은 것으로 알려지면서, 한마디로 글로벌 시대의 한국 신 화교들은 과거 사회적 차별이 두려워 자신들이 중국인이라는 사실을 숨겼던 구 화교와는 사고 구조부터가 다르다고 분석한다. 또한 "신 화교들은 최근 영화배우 전지현이 화교인지를 놓고 한국에서 벌어지는 논란을 이해하지 못한다. 대륙에서 교육을 받고 자란 이들에게 중국 국적은 숨겨야 할 비밀이 아니라 자랑스러움과 당당함의 원천"이라고 양세욱 교수는 분석하고 있다.

물론 신 화교의 이러한 당당함 속에는 2004년 이후 중국이 미국과 일본을 제치고 한국의 무역대상국 1위로 부상했다는 사실과 무관하지 않다.[12] 더불어 그들은 자신들의 모국인 중국이 한반도 통일문제에 있어서도 중추적인 역할을 수행하고 있다는 점과 근래의 중국에 불고 있는 한류 열풍으로 대변되는 양국 간의 밀착 관계와도 깊은 관련이 있다는 것을 잘 알고 있다. 이들 신 화교의 출신지 또한 과거 산둥 지역 출신 위주의 구 화교들에 비해 출신 지역에 있어 다양한 분포를 보이고 있다. 과거 구 화교들의 중국 요식업 혹은 목공소나 이발소, 포목점, 무역업으로 대변되던 소규모 직업군에 비해 직업의 유형 또한 다양해졌다.

아직까지 학계에서는 신 화교에 대한 뚜렷한 정리를 하고 있지는 않다. 본 논문에서는 구 화교들과도 확실히 차별된다는 점에서 적어도 이들을 뉴 에스닉 차이니즈 그룹New Ethnic Chinese Group으로 새롭게 정의해야 한다고 보며 이들을 과거의 '구 화교'와 구분해 '신 화교'라고 새로운 용어를 도입하여 사용하려 한다. 여기서 한국의 신 화교는 이민의 시점에 따라 한·중 수교를 전후해 한국에 유입된 중국인을 뜻하며, 그들은 기존 구 화교의 정주定居라는 개념보다는 다양한 체류 목적으로 장기 체류long term sojourn라는 거주 형태 특성을 갖고 있으며, 자격별 체류 비자를 취득하여 한국에 체류하며 한·중 양국에 동시적 기반을 갖고 있는 것으로 연구자는 정의를 내리고자 한다.

또한 현재 언론이나 몇몇 학자들이 주장하는 "신 화교는 고학력 엘리트 집단"이라는 분석에 대해서는 제도적으로 문제가 있다고 생각한다. 다음 〈그림 4-5〉에서도 볼 수 있다시피 2011년 통계 기준으로 한국에 체류하는 외국인 중 취업 자격 체류 외국인이 59만 5,098명이며, 그들 중 대부분인 54만 7,324명이 단순 기능 인력이다. 특히 취업 자격으로 체류 중인 중국 국적자는 총 32만 241명으로 이 중 대부분이 방문취업 비자로 체류하고 있다.[13]

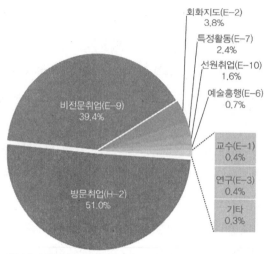

〈그림 4-5〉 취업 자격별 체류 외국인 구성 현황

회화지도(E-2) 3.8%
특정활동(E-7) 2.4%
선원취업(E-10) 1.6%
예술흥행(E-6) 0.7%
비전문취업(E-9) 39.4%
방문취업(H-2) 51.0%
교수(E-1) 0.4%
연구(E-3) 0.4%
기타 0.3%

출처: 출입국 외국인 정책본부 통계 자료실, 2011.12.31. 4분기 통계 자료.

　　그렇다면 그들을 제외한 고학력 전문 우수 인력은 사실 1만 1천 명 정도에 지나지 않는다는 결과가 나온다. 그렇다면 현재 한국에 체류 중인 신 화교의 범주에는 주로 중국 출신의 비전문취업 인력과 국민의 배우자(결혼 이민자), 그리고 장기 체류 양상을 보이고 있는 한국계 중국인 즉 조선족들이 포함될 것이다. 물론 조선족들의 경우 대부분 방문취업비자[14] 자격으로 한국에서 체류 중이기에 외국인 노동인력에 포함된다고 볼 수 있다. 또한 위에서 보았던 개혁개방 이후 30여 년 동안 해외로 이주한 중국인 인구 450만 명 중, 162만 명이 해외 유학생 신분으로 출국한 것과 유학 후 귀국한 학생이 49만 7천 명에 불과해 상당수가 현지에 정착하여 살고 있어 신 화교·화인으로 분류된 것으로 미루어 볼 때, 현재 한국에서 유학 중인 중국인 유학생들 역시 졸업 후 중국으로 돌아가지 않고, 한국 기업에 취업

되거나 취업을 하려는 경향이 늘고 있어 그들을 잠재된 화교 인구로 볼 때 신 화교의 수는 더욱 늘어날 전망이다. 이러한 신 화교는 한국 이주의 다양한 체류 목적, 다양한 유입 시기, 다양한 지역, 민족 특성으로 각각의 정체성을 가지며 구 화교와는 다른 각각의 현지화 적응 양상을 보인다.

## 3 ▌신 화교 집단의 주체 - 조선족

현재 한국 내 체류 거소 등록 외국인 중 중국 국적자 수는 2014년 12월 기준으로 89만 8,654명에 달했고, 이 중 한국계 중국인 즉 중국 국적의 조선족은 59만 856명으로 65.7%인 다수를 차지한다. 이는 같은 시기 전체 체류 외국인 179만 7,618명 중에서 약 32.8%를 점하는 비중으로서, 한국 내 체류하는 외국인 집단 중 가장 큰 규모이다. 1993년 2,143명 규모에서 매년 2, 3천 명씩 증가하다가 1997년 장기 체류 조선족의 수는 처음으로 1만 명을 넘어섰고, 2003년에는 10만 명을 돌파했다. 거의 기하급수적인 증가율을 보이면서 한국으로 입국하는 중국 국적을 가진 조선족은 전 지구적인 차원에서 진행되고 있는 인구 이동의 일반적인 속성과 역이주한 한국계 후손들이라는 특수성을 동시에 지니고 있는 이중적이고 복합적인 집단이라고 볼 수 있다.

한국 내 거주 조선족은 1992년 한·중 수교이후 산업연수생, 친척 방문 등을 시작으로 2000년 즈음하여 급증해 현재 서울에만 약 25만 명 가까이 살고 있다. 특히 가리봉동을 중심으로 구로구에 2만 7,438명,

대림동을 중심으로 영등포구에 3만 6,640명이 살고 있으며, 최근에는 가산동, 독산동을 중심으로 금천구에도 1만 7,947명, 자양동, 화양동을 중심으로 광진구에도 1만 1,351명이 밀집하여 거주하고 있는 것으로 추정된다.[15] 이러한 조선족들의 밀집 거주 경향은 불과 최근 몇 년 사이에 급속히 변화된 현상이다. 이러한 조선족 인구 밀집 경향은 결과적으로 이 지역에 새로운 '이국적인 공간'을 만들어 내고 있다. 대표적인 것이 구로구 가리봉동에 위치한 '중국 동포 타운', 영등포구 대림동에 위치한 '연변 거리'를 비롯해 최근에는 광진구 자양동에 '중국 음식 거리' 및 '양꼬치 거리'까지 등장했다. 김현선(2010)에 따르면 구로구와 영등포 지역은 사회 지리적인 여건이 한국 사회에서 대체로 3D업종에 종사하는 이주 외국인이 거주하기에 용이하다고 본다. 이 지역들은 교통이 편리하고, 서울에서 상대적으로 저렴한 물가이기에 불안정한 노동에 종사하는 조선족을 흡인하는 요인이 되었다고 분석한다.[16]

1990년대 초, 이주 초기 조선족들의 이주 통로는 주로 친척 방문과 국제결혼이었다. 현재 한국에 체류 중인 조선족들의 체류 자격은 대부분 2007년 3월부터 시행된 방문취업(H-2) 자격이다.[17] 전체 조선족 47만 570명 중 방문취업 비자 자격으로 체류 중인 인구비율이 약 29만 3,132명으로 약 62.2%에 달한다. 그 다음으로는 2008년 재외동포법 개정으로 중국지역 동포들도 취득 가능해진 재외동포(F-4)[18] 자격 비자이다. 2014년 12월까지 재외동포 자격 비자를 취득한 조선족은 21만 1,437명으로 전체 조선족 인구의 약 35.7%를 차지한다.[19] 특히 이들 대부분은 체류와 출입국이 자유로운 등 이유로 한국에서의 정주화定住化 경향을 보이고 있다.

조선족들의 유입 과정에서는 연고에 의한 연쇄 이주 현상이라는 특징이 두드러지게 나타났으며, 밀집 거주 지역을 형성해 한국 사회에 정착해가는 모습들도 나타나고 있다. 조선족의 한국 내 정착은 현실적인 여건과 제도적, 법적인 요인으로 유동적인 점이 있어 단언하기는 어렵지만 이들은 가능하다면 한국에서 계속 정주하려는 의지를 보이고 있으며, 단순 경제적인 이점뿐만 아닌 생활문화의 종합적인 비교를 통해 자발적인 정주를 선택한다는 특징이 주목된다.[20]

이상으로 간략하나마 신 화교의 형성 및 체류 실태를 살펴보았다. 앞에서 1992년 한·중 수교 이후를 새로운 화교의 전환기라고 구분을 했던 이유는 바로 이러한 한국 체류 중국인 인구의 양적 증가 때문이며, 이러한 재한 중국인 인구의 양적 증가에는 중국 대륙 출신 중국인들 즉 신 화교의 한국 유입, 그 중에서도 인구 규모로 볼 때 가장 큰 이주민 집단인 조선족의 대거 유입이 가장 큰 원인이 되었음을 알 수 있다. 하지만 이들 신 화교는 대부분은 단순 취업 목적,[21] 결혼 방문동거,[22] 유학[23] 등 목적으로 체류하고 있는 것으로 나타났으며, 이것은 구 화교들의 경우 대부분 거주 또는 영주 목적으로 세대를 거치면서 정주하여 한국에 체류하고 있는 것과는 구분이 된다. 또한 이들 신 화교는 이주 배경, 직업, 학력, 정체성 등 많은 면에서 구 화교와는 구분되는 존재이다. 물론 아직 신 화교의 이주 시기가 20년 밖에 안 되지만 분명 신 화교를 중심으로 새로운 화교 사회의 변화가 있을 것으로 예상된다. 신 화교에 대한 관심과 연구는 다문화 사회 지향을 목표로 하는 한국에서 극히 현실적인 문제이기도 하면서 한국 화교 연구의 체계화를 이룩한다는 면에서 긴박하고 절실한 문제라 할 수 있다.

# 주

1) 2011년 중국 화교대학中國華僑大學과 사회과학문헌출판사社會科學文獻出版社가 공동 연구로 발표한『华侨华人研究报告2011』은 중국 최초의 화교·화인 연구보고서이다. 이 연구보고서는 정부사업 보고서의 성격을 띠며 해외화교·화인 및 홍콩, 마카오, 타이 완 지역의 동포(港, 澳, 臺同胞)들의 현황과 실태를 조사하여 정리한 백서이다.

2) 최승현, 『화교의 역사 생존의 역사』, 81~82쪽 참조하여 정리.

3) 한국무역협회, 한국수출입은행, 한국관광공사, 지식경제부 2011년 통계연감 참조 정리.

4) 1999년 민족별 중국인 구성 분포를 보면 한족이 48.9%로 조선족 51.1%에 비해 근소한 간격이 있었지만 2014년 12월 기준 조선족이 65.74%, 한족이 30.6%로 약 2.2배가량 많은 것으로 통계됐다.

5) '조선족' 또는 '한국계 중국인'은 중화인민공화국에 사는 중국 국적의 한민족들을 가리 키며, 중화인민공화국의 민족 분류에 의해서는 (중국내 56개 민족 중의 하나) '조선족' 이라고 통칭되고 있다. 현재, 대한민국 법무부 출입국 외국인 정책 본부의 통계 자료 에는 중국 국적자에 포함되어 있는 조선족을 '한국계 중국인'이라고 따로 표기하고 있다.

6) 출입국 외국인 정책통계. 2013 통계연보. 2014, 참조.

7) 한국계 포함.

8) 한국계 포함.

9) 한국계 포함.

10) 사실 '이민 1세대'라 함은 대한민국 정부 수립 이전에 한국에 입국한 중국인들을 의미 한다. 이들은 대부분 중국 산동 출신들이다. 이후 세대들은 대부분 한국에서 출생하 여 한국에서 세대를 거치면서 살아왔다.

11) 한계레, 「"제2의 고향" 한국서 날개펴는 '신'화교 세대」, 2009.11.9.; 주간동아, 「중국 엘리트 '신 화교'가 몰려온다.」, 2009.5.6.; 동아일보, 「화교=자장면집 옛말…'전문직 新화교' 뜬다.」, 2009.3.3. 등 뉴스는 신 화교에 대해 고학력 전문직의 엘리트 집단으로 보며, 기존의 구 화교와는 다른 정체성을 가진 집단으로 분석한다.

12) 기획재정부, '한중 수교 20주년 경제적 성과 및 시사점'에 따르면 한중 수교 당시 63억 7,910만 달러에 불과했던 한중 두 나라의 교역은 2011년 12월 기준으로 2,206억 3,074 만 달러를 기록하며 35배 가까운 급성장을 하며 2004년 이후로 줄곧 1위의 교역 파트 너로 자리매김하고 있다.

13) 방문취업비자(H-2) 자격 체류 한국계 중국인은 29만 3,132명이고, 비전문취업비자 (E-9) 자격 체류 중국 국적자는 1만 2,457명, 산업연수비자(D-3) 자격 체류 중국 국적 자는 2,742명이다.

14) 방문취업비자(H-2)란 만 25세 이상의 중국 및 CIS 지역 등 거주동포들에 대해 5년 유 효, 체류기간 1년의 복수사증 발급하여 자유로운 왕래 가능한 체류 비자이다. 다만

고용주의 재고용 요청이 있는 경우에는 입국일로부터 4년 10개월 범위 내에서 체류
허가 사증의 유효기간의 범위 내에서 자유로운 출입국 허용한다. 현재 방문취업비자
(H-2) 자격으로 체류 중인 한국계 중국인은 약 293,132명이다.

15) 서울특별시, 서울통계연보 2010-2011 통계 자료 참조. 서울시는 체류하는 국적별 전체
외국인의 인구를 파악하여 정리하였지만, 상세한 기준에 따른 국적별 인구 파악에는
한계가 있다. 즉 조선족의 경우 중국 국적자로 포함되어 집계되었는데 정확한 지역별
조선족 거주 인구를 제시하기는 힘들다. 따라서 여기서는 중국 국적자 전체 인구에서
해당 연도 조선족 인구의 평균 비율을 곱하는 방식으로 지역별 인구를 추정할 수 있
지만 이 또한 지역별로 중국 국적자 중 조선족의 비율은 상이할 것이므로 한계가 있
음을 인지한다. 하지만 구로구와 영등포구 이 두 지역은 흔히 중국 국적자의 90% 가
량을 조선족 인구로 추정하기도 하기에 현실적으로 파악 가능한 정부 공식 통계 자료
를 통해 최소한의 정확하고 객관적인 인구 규모와 분포 경향을 추정하는 것임을 밝히
고자 한다.
16) 김현선, 「한국체류 조선족의 밀집거주 지역과 정주 의식: 서울시 구로·영등포구를 중
심으로」, 『사회와 역사』 제87집, 한국 사회사학회, 2010.
17) 현재 조선족들 대부분이 소지하고 있는 체류 자격인 방문취업제(H-2) 비자의 체류 기
간은 최장 5년이며, 1회 3년까지 체류할 수 있다.
18) 재외동포 자격(F-4) 비자는 한국에서 출입국이 자유롭고, 취업, 금융, 부동산 등 경제
활동에 있어 한국 내국인에 준하는 처우를 받을 수 있다.
19) 법무부, 「출입국 2014 통계 연보」, 2015.
20) 김현선, 「한국체류 조선족의 밀집거주 지역과 정주의식: 서울시 구로·영등포구를 중
심으로」, 231~232쪽.
21) 출입국 외국인 정책 통계월보 2011년 12월호 통계 자료에 따르면 현재 중국인 비전문
취업 자격(E-9) 체류자는 1만 2,457명, 방문취업 자격(H-2) 체류자는 한국계 중국인으
로 29만 3,132명이다.
22) 출입국 외국인 정책 통계월보 2011년 12월호 국민의 배우자 체류 현황 통계 자료에
따르면 중국 국적 국민의 배우자 자격(F-2-1, F-5-2, F-6) 체류자는 6만 4,173명인 것으
로 집계됐다.
23) 출입국 외국인 정책 통계월보 2011년 12월호 외국인 유학생 체류 현황 통계 자료에
따르면 중국 국적 유학생 자격(D-2 전체 및 D-4-1) 체류자는 총 6만 5,271명으로 집계
됐다.

# 4 한국 화교의 특징

한 소수집단의 정체성과 특징은 다른 주류 집단과의 상호작용을 통해 형성되고 바뀌게 된다. 특히 한 디아스포라 집단이 자신의 정체성을 갖게 되는 것은 과거 출신 국가로부터의 연속성에 기인할 뿐 아니라 거주국 현지 사회가 그들에 대해 취해지는 태도나 정책에 따라 형성되고 바뀌어 가게 된다. 특히 화교 디아스포라의 주류를 이루고 있는 동남아 화교·화인 사회의 특징을 살펴보면 그러한 경우가 여실히 드러난다.[1]

첫째, 동남아시아 화교는 동남아시아 경제에서 커다란 비중을 차지하고 있다는 점이다. 그들은 19세기 유럽인의 식민지배 세력과 토착 원주민 하층부를 연결하여 주는 중개인 역할을 담당하였다. 즉, 경제 부문의 소농민이 생산한 1차 상품자원을 사들여 이것을 수출

기업에 판매하고 역으로 유럽 등지에서 수입한 공업 제품이나 소비 제품을 다시 원주민에게 파는 중간 매개의 기능을 함으로써 동남아시아에 정착하고 성장하였으나 농업 및 광업 노동자로서도 식민지 경제에 큰 역할을 하였다. 또한 화교는 상업적 자본을 바탕으로 특유의 근면성, 화교 네트워크, 지배층과의 유착관계 등을 적절히 활용함으로써 경제적 측면에서 성공적인 현지화 과정을 거치게 된다. 동남아시아의 화교들은 중국 정부의 이중국적제도의 폐지와 거주 국가의 정책 변화 등 내부적인 상황과 맞물려 대부분인 90% 이상이 현지 거주국 국적을 취득하면서 현지화되는 과정을 거치게 된다.

둘째, 거주국의 현지 문화 수용과 현지 거주국 국적의 취득을 통한 토착화 과정을 들 수 있다. 20세기 초반만 해도 화교 사회는 중국 본토와 밀착되어 중국 문화를 흡수하려는 힘이 강했지만, 20세기 후반부터 동남아시아 지역 화교 사회는 적극적인 현지화 노력을 기울여 왔다. 이러한 배경에는 전술한 바와 같이 중국 본토의 정치적 상황의 변화와 동남아 국가와의 협력 관계를 고려한 중국의 이중국적 제도의 폐지가 크게 작용하였다. 또한 신생 독립국가 지배 계층과 협력 관계를 구축할 필요성이 크게 대두된 시점이었기 때문에 현지의 화교의 입장에서는 문화적 독자성을 포기하고 현지 사회에의 동화를 결정한 것으로 해석된다.

셋째, 동남아시아 지역의 화교 집단은 차이나타운을 중심으로 발전하였다. 이러한 차이나타운의 형성은 동남아시아뿐만 아니라 미국 등 여타 지역에서도 나타나는 특징이기도 하다. 차이나타운은 이주 초기 당시 생존을 위한 집단 거주 지역으로 형성되었으나, 최근에는 화교 사회의 전통문화 중심지, 전 세계 화교 네트워크와의 연결 통로, 관광 중심지로서의 역할이 날로 강화되고 있다.

특히 동남아 지역의 화교·화인 사회는 각 국가의 상황적 조건에 따라 화교 집단의 정체성도 현저하게 다름을 볼 수 있다. 화교의 귀화를 권장한 필리핀의 경우, 화교들은 소수민족 집단으로서의 '집단적 정체성'을 포기하고 점차 필리핀 국민으로서의 '국민적 정체성'으로 이행해 가고 있다. 반면 말레이인과 배타적인 종족 관계에 있는 말레이시아 화교들은 말레이시아 국민으로서의 국민적 정체성을 가지면서도 동시에 '중화 문화적' 정체성을 버리지 않고 있다. 적극적인 동화 정책을 펼쳤던 태국의 경우, 태국의 문화에 상당 부분 동화되어 있는 모습을 보여 주고 있으며 화교의 중국적 정체성은 많이 약화되어 잠재적 성격만을 띄고 있지만 방콕 일대를 중심으로 화교·화인 사회는 여전히 강한 '중국적 정체성'을 보이는 경우가 많다.

이러한 해외 각 지역의 화교·화인들과는 달리 한국의 화교는 자생적으로 한국 사회의 변화에 민감하게 반응하며 성장해 왔다. 물론 과거와의 연속성에 대한 근원주의적 집착이 작용한 것도 있겠지만 그보다는 한국 사회의 배타성에 대한 반작용으로서 자신들의 '중국적 정체성'에 더욱 고집했다고 볼 수 있다. 이러한 한국의 화교는 세계 다른 지역의 화교와는 다른 성격을 여실히 보여 주고 있다. 이와 같은 한국 화교의 특징을 살펴보면 다음과 같다.[2]

첫째, 한국 화교의 역사의 시작은 다른 여타 화교의 이주 역사와는 다르다. 즉, 대부분의 나라에서 화교는 하급 노동자(苦力)의 신분으로 그 역사를 시작했지만 한국 화교는 이민 송출국인 중국의 정치적 비호 아래 '상국上國' 국민의 신분으로 그 역사를 시작하였다. 또한, 세계 화교의 역사는 중국의 세계 자본주의 체제 편입 과정에서 자본주의 국가와 이민 집단 간의 경제적 욕구에 의해 진행되었지만 한국 화교의 역사는 한·중 양국 간의 전, 근대적인 종속 관계 속에서 청나라 정부의 종주권 강화라는 정치적 목적 아래 진행된 측면이 강하다. 또한 한국의 화교 역사는 19세기 말에서 시작되어 19세기 초중반에 시작된 다른 나라의 화교 역사에 비해서 상대적으로 짧은 이주 역사를 갖고 있다. 이러한 특징은 이민 초기부터 한국 화교가 기타 세계 화교에 비해 상대적으로 강렬한 근대적 민족의식과 국가와 민족에 대한 소속감을 갖게 된 원인이기도 하다.

둘째, 한국 구 화교의 가장 대표적인 특징은 90% 이상이 중국 산둥 지역 출신이라는 점이다. 주한 타이베이臺北 대표부가 2002년 말 한국 각지의 화교협회의 호적 인구 통계에 근거하여 출신지별 조사를 한 것에 따르면 산둥 지역 출신이 90%를 차지하고 그 다음으로 허베이 출신이 약 3%, 둥베이東北 지역 출신은 약 2%를 차지했다. 해외 화교의 주류를 이루는 광둥廣東 출신은 1%에도 미치지 못하고 그 외 후베이湖北, 산시山西, 저장浙江, 구이저우貴州, 쓰촨四川 지역 출신이 얼마 있는 것으로 드러났다.[3] 이처럼 산둥 지역 출신이 압도적인 다수를 차지하는 까닭은 한반도와 가까운 지리적 요인이 작용하였지만 한국 화교의 대규모 이민이 이루어진 20세기 상반기의 산둥 지역이 처한 사회·경제적인 환경에서 비롯된 측면이 강하다.

구 화교 사회 구성원 대부분이 산둥 출신이라는 동일 지역 출신이 절대 다수를 차지하는 것은 다른 나라에서는 찾아볼 수 없는 한국 화교만의 큰 특징이다. 이것은 또한 국제 화교 사회에서 한국 화교의 소외를 설명해 주는 요인 중 하나이다. 해외 화교 사회의 주류를 이루는 동남아시아 지역 화교의 주류는 광둥廣東, 푸젠福建 등 남방

지역 출신인데 이러한 남방 출신 화교와 한국 화교는 언어상의 이질 감을 느낄 정도이다.[4]

셋째, 구 화교는 1세대를 제외한 대부분 세대들이 한국에서 태어 났다는 점이다. 박현옥·박정동(2003)에 의하면 2002년 한국 구 화교 인구 중 88.7%가 한국에서 태어났으며, 중국 본토 출신은 9.3%, 타 이완 출신은 1.0%에도 못 미치는 것으로 조사되었다. 따라서 한국 구 화교는 한국 사회와 문화를 경험하고 접할 충분한 시간을 가져 왔다고 할 수 있다. 또한 구 화교의 대부분이 대도시 지역, 특히 수 도권 지역에 거주하고 있다는 것이다. 2007년 법무부 자료에 의하면 서울, 인천, 경기도 세 지역의 구 화교 인구가 약 1만 4,205명으로 전체 구 화교 인구 대비 64.4%에 이르고 있다. 여기에다 부산을 합 치면 한국 구 화교의 72.7%에 해당한다. 따라서 4개 대도시에 전체 구 화교의 70% 이상이 밀집되어 있다. 이러한 양상은 신 화교에서도 보인다. 신 화교의 주체가 되는 조선족 인구만 해도 서울에 25만 명 이 거주할 정도로 수도권 지역에 집거해 있다. 거주 화교의 비중은 앞으로도 한국 경제의 지역별 양극화와 함께 이러한 경향은 강화될 가능성이 높다.

넷째, 구 화교의 경우 이들 대부분이 타이완 국적을 여전히 갖고 있다는 점이다. 이는 대부분 거주국의 국적을 보유하고 있는 동남아 시아 지역 화교와 확연히 구분되는 한국 구 화교들만의 특징이다. 한국 구 화교가 한국 사회에 동화되지 못하고 특히 국적 보류를 통 해 집단적 정체성을 그대로 유지하고 있는 것은 '차별과 배제의 역 사'로 규정되는 한국의 화교 정책에 기인하는 바가 크다. 이러한 차 별과 배제는 한국 구 화교의 한국 사회로의 동화를 억제하고 화교의

종족 집단으로서의 경계선을 명확히 설정하게 만들었다.[5]

다섯째, 기하급수적인 증가율을 보이면서 한국으로 입국하는 중국 국적자 중 한국계 중국인으로 불리는 조선족은 전 지구적인 차원에서 진행되고 있는 인구 이동의 일반적인 속성과 역 이주한 한국계 후손들이라는 특수성을 동시에 지니고 있는 이중적이고 복합적인 집단이라고 볼 수 있다. 이들은 100년 전 한반도를 떠나 중국으로 이주하여 정착해 살던 한민족의 후예로 중국에서 소수민족의 정체성을 갖고 현지에 정착했다가 전 지구적인 탈영토화의 흐름으로 한국으로 재이주하여 자신들의 공동체를 형성하며 같은 민족, 다른 국적이라는 이중적인 정체성을 갖고 한국 사회에 새로운 디아스포라 공간을 만들어 가고 있다. 조선족은 엄연한 중국 국적의 국민이지만 여전히 '민족'이라는 이중적인 문화 배경과 신분을 갖는 코리안 디아스포라의 한 갈래로 또 하나의 한국 다문화 사회 현상으로 볼 수 있다.

# 주

1) 박사명 외, 『동남아의 화인사회』, 서울: 전통과 현대, 2000, 14~18쪽 참조하여 정리.
2) 한국 화교의 특징에 대한 부분은 김경국·최승현·이강복·최지현, 「한국의 화교 연구 배경 및 동향 분석」, 『중국인문과학』 26, 2003, 496~516쪽을 참조하여 연구자가 재정리했다.
3) 박현옥·박정동, 「한국 화교(인천화교)의 경제활동 및 사회적 지위에 관한 연구」, 23쪽 참조.
4) 양필승·이정희, 『차이나타운 없는 나라 :한국 화교 경제의 어제와 오늘』, 10쪽 참조.
5) 장수현, 「한국 화교의 사회적 위상과 문화적 정체성」, 1~30쪽 참조.

# 제5장
# 다문화주의적 관점에서 본
# 화교 정책

# 1 한국의 對 화교 정책 변천 과정

    한 종족 집단이 자신의 정체성을 갖게 되는 것은 과거와의 연속성에 기인할 뿐 아니라 타자에 의해 그렇게 불리고 규정되기 때문이다. 특히 디아스포라 집단의 종족 정체성은 주재국 사회가 그들에 대해 취하는 태도와 정책에 따라 다른 방식으로 형성되는 것이다.[1] 해방 직후 대한민국 정부가 수립되면서부터 1990년대 중반까지 한국 화교는 줄곧 국가적 차별의 주요 대상이었으며, 한국의 화교 정책은 차별과 배제의 역사라고 말할 수 있을 정도로 배타성을 보였다. 이러한 상황으로 인해서 한국은 전 세계에서 유일하게 화교가 발을 붙이지 못하는 나라 1순위로 꼽히기도 한다.[2] 이러한 차별적 정책과 조치들은 1997년 외환 금융위기 이후 한국 경제의 패러다임이 변화하면서 지속적으로 개선되어 가고 있다. 본 절에서는 경제적, 정치적,

사회적 측면에서 시대별로 한국의 對 화교 정책을 정리하여 살펴보고자 한다. 이론적 근거 및 분석의 틀로는 앞에서 정리했던 이민자에 대한 사회 통합 정책의 유형으로 가장 대표적인 캐슬Castles과 밀러Miller의 차별배제모형, 동화모형, 다문화주의모형이라는 세 가지 유형을 근거로 한다.

앞에서 언급한 바와 같이 사실 중국인이 한반도에 거주하기 시작한 것은 훨씬 오래전부터지만, 집단적 의식을 갖고 별개의 집단으로 존재하기 시작한 것은 개항 이후 19세기 후반이라고 할 수 있다. 한국 화교들은 청국상민淸國商民의 신분으로 한국에 이주·정착하여 새로운 삶의 터를 마련한다. 이 시기 중국인들의 한반도 이주 특징은 디아스포라 유형 중 새로운 경제적 활로를 찾기 위한 '상업형 이주 Trade or commerce'라고 할 수 있다. 그들은 청나라 정부의 군사적·정치적 지원정책 속에서 급속히 세력을 확장하며 상호간의 네트워크를 바탕으로 화상華商 특유의 경영기법으로 당시 조선의 무역을 독점하다시피 한다.[3] 물론 조선의 상권을 급속히 장악하는 이들에 대한 조선인들의 거부감 또한 상당히 컸던 것으로 보인다.[4]

하지만 1894년 청일전쟁이 폭발하고 조선에서 청나라가 세력을 잃어 가면서 화상의 전성기도 막을 내리게 된다. 일제 식민지 시기 역시 한반도에 대한 일본의 식민 지배가 사실화되면서 '식민지 개발'이라는 요인으로 중국인들의 한반도 이주는 새로운 양상으로 변화하게 된다. 즉, 중국인들의 한반도 이주는 화상으로 대표되던 상업이민에서 화공華工으로 고용 기회를 찾는 '노동형 이주Labor or service'로 바뀌게 된 것이다. 이들 중국인 노동자들은 고효율·저임금 등 이유로 한국의 노동력 시장에서 한국인 노동자와의 경쟁에서 우위를 차지하게 되며, 일본은 화교의 노동력을 이용해서 한국의 노동 임금을 억제하고, 한·중 양 국민의 반감을 도발하는 계획적인 음모도 꾸민다.

이 폭동의 영향으로 조선인과 중국인 사이에는 크고 깊은 감정의 골이 패이게 되며, 결정적으로 한국의 화교 배척이 시작된다. 아래 대한민국 정부 수립 이후 한국 정부의 對 화교 정책들을 시기별로 정리해 보고 정책 속에서 화교 집단의 사회적 적응을 검토해 보고자 한다.


# 1 ┃ 대한민국 정부 수립 이후 차별과 배제

## 1) 경제적 압박 및 통제

1945년 해방 직후 화교들은 근면, 검소, 조직력을 바탕으로 대부분 무역업에 종사하면서 중국이라는 든든한 배경과 튼튼한 경제력으로 한국의 수출입 총액 중 對中 수출입이 전체 80% 이상을 차지할 만큼 탄탄한 경제적 지위를 굳히고 있었다. 이러한 화교들이 가지는 무역수입의 절대적인 우위는 1948년(한국 전체 무역수입 총액 52.5% 차지)까지 계속된다. 그러나 이러한 화교의 활성화된 경제 활동도 일시적이었다. 1948년 한국 정부가 수립되면서 외국인 출입 규제를 실시하게 되자 한국으로의 화교 유입은 종식되었다. 또한 최초의 차별적인 화교 정책은 바로 1948년에 처음 도입된 후 점차 강화된 〈외국인에 대한 외환 규제법〉이다. 외국인에 대한 외환 보유 규제를 시행하면서 화교 무역상들은 공식 환율보다 서너 배 비싼 암시장을 통해 외환거래를 할 수밖에 없었고 그로 인해 많은 피해를 입는다. 이 제도는 화교에 국한된 규제는 아니지만 당시 한국의 무역업에서 가장 큰 비중을 차지하고 있던 화교 무역상에게는 큰 타격이 되었다.

이어 1950년 봄에 외래 상품의 불법 수입을 금지한다는 명목으로 취해진 〈창고봉쇄령(倉庫封鎖令)〉도 그 당시 물건 보유량이 많았던 화교 무역상에게 큰 타격을 주게 되었다.[5] 이러한 불공평한 대우로 화교 무역상들은 한국 무역업자와 같은 정도의 실적을 올렸다고 해도 실제로는 3분의 1정도의 실적만 올린 결과가 되었고 외화 배당도 수출 실적을 근거로 하였기에 화교들의 무역업은 날로 약화되었다.[6] 또한 무역법 제8조에 의해 외국인이 한국에서 경제 활동을 하려면 반드시 상공부 장관의 허가를 받아야 한다는 조건을 내세워, 화교의 독자적인 무역업을 사실상 불가능하게 만들었다.

제3공화국 박정희 정권 하에 화교에 대한 규제는 더욱 노골적으로 심해졌다. 특히 화교 사회에 가장 크게 작용한 규제는 박정희 정권 때의 〈토지규제법〉이다. 1961년 9월 〈외국인 토지소유 금지법〉이 제정됨에 따라 토지를 소유한 외국인의 토지 소유를 완전히 금지시켰으며, 화교들은 집과 토지를 전부 빼앗길 위기에 처했고 생업의 기반을 잃게 된다. 특히 토지를 소유한 외국인은 정부의 승인을 받아야 했는데 승인을 받지 못한 화교들이 많아 시세에도 못 미치는 가격으로 토지를 매도하는 사태가 일어났다. 물론 일부 화교들이 보유하고 있던 재산을 친한 한국인 명의로 등기 이전하여 위기를 모면하기도 했으나 그중에서 친구의 배신으로 한국인 명의자에게 재산을 빼앗긴 경우도 적지 않았다.[7] 이후 1968년 7월 〈토지규제법〉[8]의 부분적인 개정으로 주거 목적인 경우 외국인도 1세대 1주택에 한해 자기 주거용 토지 200평 범위내의 토지를 소유할 수 있게 됐다. 1970년에는 〈외국인 토지취득 및 관리에 관한 법〉을 제정하여 외국인 한 가구 당 200평 이하의 주택 한 채와 상업용 50평 범위 내에서 소유가 가능하게 되었다. 다만 취득한 토지의 건물은 자신만 사용하고 타인에게 임대할 수도 없고 논밭이나 임야의 취득 또한 불가하여 당시 화교들의 주요 생업 중 하나인 채소 경작에도 엄청난 타격을 입는다. 이와 같은 토지 재산권의 제한은 부동산이 자산 증식의 최고 수단이었던 당시의 경제 상황에서 화교의 재산 증식 기회를 철저히 제한하는 결과를 가져왔다.

이러한 한국 정부의 경제적 제약과 차별 정책으로 화교 상인과 농민들은 큰 타격을 받았고, 경제적 난점을 타개하기 위한 대책이 바로 중국 음식점으로의 전업이었다. 현재까지 한국에서 화교하면 연상되는 것이 중국 음식점인 것처럼 그 당시 중국 음식점은 한국 화교들의 전형적인 생업이었다. 하지만 이러한 요식업에서도 차별적 대우를 경험한다. 1962년의 '화폐개혁'은 현금 보유량이 많았던 화교들에게 결정적인 타격을 주었으며, 1970년대 초반에는 경제국방 건설에 필요한 자금 마련을 빌미로 중과세 제도를 확대했다. 이 제도에 따르면 새롭게 영업을 시작한 동일 업종의 상인에 비해 오랫동안 한 지역에서 영업을 하는 상인들이 더 많은 세금을 물어야 했으며, 1973년 3월 유독 중국 음식점만을 대상으로 인플레이션 억제 등을 이유로 중국 음식 가격 인상 제한, 쌀 소비 절약을 위한 중국 음식점의 밥 판매 금지, 음식점에 대한 인정 과세 실시 등 배타적 조치가 내려져 요식업에 종사하던 서민 화교들에게도 직접적인 피해를 초래하였다. 같은 시기의 이러한 규제들은 화교 경제의 몰락을 가속화시키는 결정적인 작용을 했다.

물론 이러한 경제적 측면에서의 차별 조치들은 대부분 한국 화교들만을 대상으로 한 조치는 아니었으며, 한국 거주 외국인들의 경제활동과 투자에 대한 제한을 가하는 조치들이었으나 당시 한국에 거주 자격으로 체류하던 외국인의 대부분이 화교였고[9] 무역을 기반으로 한국에 거주했던 화교들이 가장 큰 피해를 본 것은 주지의 사실이다.

## 2) 국적 취득 및 체류 자격 제한

그동안 한국 정부의 귀화 정책에서도 차별과 배타성은 잘 드러난다. 동남아시아 지역 국가의 경우, 화교의 귀화와 현지 사회의 동화를 강요하는 정책이 취해진 것과는 달리, 한국의 경우 1990년대에 이르기까지 화교를 비롯한 외국인의 귀화를 억제하는 정책이 채택되었었다. 1948년 제정된 한국의 〈국적법〉은 속인주의에 바탕을 둔 부계 혈통주의를 원칙[10]으로 삼고 있어서 외국인은 비록 한국에서 태어났다 하더라도 오직 귀화를 통해서만 한국인이 될 수 있었고, 부모 가운데 한 명이 한국인이라 하더라도 어머니가 한국인이면 그 자녀가 자동적으로 한국 국적을 취득하는 것이 불가능했다. 또한 한국 남자와 결혼한 외국 여자는 결혼과 동시에 한국 국적을 취득할 수 있는 반면에 한국 여자와 결혼한 외국 남자는 일정 거주 기간이 지난 후 법무부 장관의 허가를 받아야만 한국 국적 취득이 가능했다. 즉, 화교와 한국인의 국제결혼 대부분이 화교 남성과 한국인 여성의 결합이라는 점을 고려할 때 한국 화교의 국적 취득의 길은 다소 멀고 좁았음을 알 수 있다.

당시 한국은 한국 국민과 결혼을 통하지 않은 귀화는 거의 받아들이지 않아 한국의 화교들은 거의 2, 3대째 한국에서 살아오면서도 법적으로는 외국인이고 까다로운 귀화 조건 때문에 일반인이 귀화를 하기는 어려운 실정이었다. 특히 귀화 허가신청서에 첨부해야 할 재산증명서와 귀화인 추천서가 결정적인 장애였던 것으로 보인다. 즉, 당시 화교가 일반적인 귀화 절차를 통해 한국 국적을 취득하려 해도 3급 이상 공무원, 국회의원, 언론기관, 금융기관, 국영기업체 부장급 이상의 간부, 교수, 교장, 교감 중에서 2명 이상의 추천서를 받도록 했고 최종적으로 법무부 장관의 허가가 있어야 하는 제도가 화교들의 한국 귀화를 까다롭게 하였다.[11]

체류 자격에 있어서도 당시 한국에는 영주권 제도가 없었기에 화교들은 외국인으로서 〈외국인 출입국 관리법〉의 규제를 받아야 했다. 당시 외국인은 거주자와 비거주자로 분류되었으며, 화교들처럼 한국에 계속 정착하여 거주하는 사람들에게는 거주 자격에 해당되는 F-2 체류 비자가 주어졌으며 이 비자로 체류할 수 있는 기간은 2년이었다. 때문에 화교들은 매 2년마다 체류기간 연장 허가를 받아야 했으며, 재입국에 관한 규정도 까다로워 사업이나 유학으로 해외에 있다가 체류 기간을 넘겨 거주 자격을 상실하여 미등록 체류자로 전락하는 사람도 드물지 않았다. 특히 외국인 거소 등록으로 외국인등록번호가 부여가 되지만 당시 전산망에 잘 뜨지 않는 등 불편함으로 신분 증명이 필요한 거래를 하는 데도 많은 차별과 불편함을 겪어야 했다.

## 3) 화교 교육에 대한 정책적 방임

화교 학교는 화교 자체의 모국 언어와 역사 그리고 전통 문화에 대한 교육을 담당하면서 중국인으로서의 정체성을 유지하는데 가장 결정적인 역할을 하고 있다고 해도 과언이 아니다. 화교 학교의 설립을 제한하고 그 교육 과정에 개입하여 화교의 현지화를 강요했던 동남아시아 지역과는 달리 한국 정부는 화교 학교를 교육 정책의 대상에서 배제하고 자유방임 정책을 취했다. 한국의 화교 학교는 한국 정부의 자유방임적 정책 덕분에 교과과정을 자유롭게 편성하고 화교 학교가 화교의 중국적 정체성을 유지하는 구심점 역할을 할 수 있었지만 화교 학교가 한국에서 '학교'가 아닌 '임의 단체'로 분류되어 화교 학교 졸업자가 한국의 교육시스템에서 전혀 학력을 인정받지 못하는 문제가 있었다. 또한 1976년에는 한국 정부가 외국인학교를 '외국인 임의단체'로 등록하도록 하였기에 한국인 학생을 받을 수 없도록 했다. 만약 한국 내국인을 받게 되면 학교인가 마저 취소되는 조치를 내렸기에 화교 학교의 재학생 수는 대폭 감소하기에 이르렀으며, 이러한 이유로 한성화교소학교漢城華僑小學校, Oversease Chinese Primary School에서는 256명의 한국인 학생을 퇴학시키는 사태도 벌어졌다.[12]

1999년까지 한국 화교 학교가 '외국인 임의단체'로 등록되어 있어서 한국 정부로부터 학교의 인가를 받지 못하였기 때문에 학교로서의 권리·의무의 주체가 되지 못하여 학교는 지방세법상의 재산세, 등록세 등 각종 세제상의 혜택을 받지 못하였다. 이는 화교 학교의 심각한 재정난을 더욱 가중시키는 결과를 초래하고 있었다.[13]

## 4) 사회적·정치적 차별과 배제

화교는 대한민국 국민이 아닌 외국인이기 때문에 정치적 활동에 많은 제약을 받고 있다. 〈출입국관리법〉 제17조 제2항은 외국인의 정치적 활동을 금하고 있고, 〈공직선거법〉 제60조 제1항 제1호에는 외국인은 선거 활동에 간여할 수 없도록 규정하고 있다. 〈정당법〉 제2조도 정당의 개념 정의에서 '국민'의 자발적 조직이라고 규정하고 있고 동법 제22조 제2항도 당원 자격에 대해 "대한민국 국민이 아닌 자는 당원이 될 수 없다."라고 규정하고 있으며 〈정치자금법〉 제31 조 제1항은 외국인의 정치자금 기부를 금지하고 있다. 따라서 현행 법상 화교는 피선거권이 없음은 물론 정치적 활동을 하거나 정치적 의사 형성에 참여할 수 있는 방법은 근본적으로 없다고 할 수 있다.[14]

사회적 지위에 있어서도 많은 제약을 받는다. 우선 일반직 공무원 임용에 대해서는 외국인에 대한 제한 조항이 없지만 경찰, 군인, 외 무공무원, 국가정보원 직원, 대통령경호실 직원 등은 해당 법에서 대 한민국 국적자로 한정하고 있어서 귀화하지 않은 화교에게는 취업을 제한하고 있다. 또한 국민연금은 한국에 합법적으로 체류하고 있는 18세 이상 60세 미만의 외국인은 모두 국민연금 의무가입 대상이므 로 화교도 국민연금 의무가입 대상이다. 따라서 한국 화교의 경우에 도 한국의 사회보장 시스템 내에 포함되어 있다고 볼 수 있으며, 화 교의 경우 국민연금 가입 기간이 10년 이상이면 국민연금을 수령할 수 있는 자격이 생긴다. 다만 가입 기간이 10년 미만인 가운데 60세 에 도달할 경우 한국 국민은 그동안 불입한 국민연금 보험료에 이자 를 합한 반환일시금을 돌려받을 수 있으나 화교를 비롯한 외국 국적

자는 원칙적으로 반환일시금을 지급받을 수 없다는 문제가 있다. 이러한 문제를 개선하기 위해서는 타이완과의 사회보장 협정을 체결하여야 하지만 아직까지 해결되지 못하고 있는 실정이다.[15]

## 2 ▌1990년대 이후 차별과 배제 정책 완화

### 1) 경제적 차별 규제 완화

한국 정부의 화교에 대한 정책은 1992년 한·중 수교를 계기로 점차 변화하기 시작하며 특히 한국 내 외국인의 국내 경제 활동에 있어서의 일련의 차별적 조치들은 1997년 금융 위기 이후 외국인 국내 투자를 확대하기 위하여 대부분 완화되거나 철폐되었다. 구체적인 완화 조치들을 살펴보면 다음과 같다. 1998년 4월에는 외국인에 대한 적대적 M&A가 전면적으로 허용되었다. 또한 1998년 5월에는 외국인 토지법이 개정되었으며, 외국인의 투자 개방 업종이 확대되었고, 외국인 주식 투자 한도가 폐지되었는데 개별 종목 및 일인당 보유 한도가 모두 폐지되었다. 1998년 7월에는 외국인의 부동산 취득에 대한 규제가 완화 및 폐지되었다.[16] 특히 1998년 6월에 시행된 〈외국인 토지소유법〉을 주목할 필요가 있다. 이러한 새로운 토지소유법은 1968년에 제정된 외국인 토지 소유의 제한을 개선한 것인데 화교들의 입장에서는 화교들의 한국 정착을 막고 있던 가장 큰 걸림돌 하나를 제거한 것과 같다. 그뿐만 아니라 외국인 소유 재산 보유와 증식을 가로막던 가장 큰 장애 요소가 제거된 것이라 할 수 있다.

이러한 외국인의 국내 경제 활동에 대한 차별 완화는 외국인의 신분을 유지하고 있던 한국 화교들에게도 동일하게 적용되었으며 새로운 경제적 기회를 제공해 주었다. 물론 이러한 조치들은 한국 정부의 〈재한외국인 기본 처우법〉에 의한 것으로 한국 화교들의 처우개선을 목적으로 시행된 것은 아니었지만 결과적으로 한국 화교들의 경제적 지위를 개선하는데 있어서 크게 기여하였던 것은 사실이다. 또한 한국 정부는 화교 기업들의 국제적 네트워크에 큰 관심을 기울이고, 한국 화교들이 한국과 세계 화교 자본 간의 교량 역할을 할 수 있도록 적극적인 지원을 제공하고자 하였다. 특히 한국 정부는 동남아 화교 자본을 끌어오기 위해 한국 화교들로 하여금 중간자의 역할을 수행하도록 적극 장려했다. 이러한 계기로 한국 정부와 화교들의 노력으로 수많은 경쟁 도시를 제치고 2005년 서울에서 제8차 세계화상대회世界華商大會를 개최하게 된다.

## 2) 영주권제도 도입 및 귀화 절차 간소화

1997년 〈국적법〉 개정으로 부계 혈통주의에서 부모 양계 혈통주의 원칙을 택하면서 타이완 국적을 보유하고 있던 한국 화교의 경우 대부분(2002년 기준 95.7%) 장기 체류 자격(F-2) 비자를 소유할 수 있게 된다. 장기 체류 자격을 나타내는 F-2 비자는 외국인등록을 하고 한국에 계속 거주하여 생활의 근거가 국내에 있는 자, 그의 배우자 및 자녀 등에게 부여된다. 다만 외국인등록을 한 후 매 2년마다 체류 비자를 연장 받아야 하는 불편함을 겪어야 했다.[17] 1997년에 법률 제5431호로 전면 개정된 〈국적법〉은 과거의 부계 혈통주의의

기본원칙을 포기하고 남녀평등 원칙에 부합된 부모 양계 혈통주의의
원칙을 채택하였다. 따라서 과거와 비교하면 한국 화교들을 포함한
모든 한국 거주 외국인들에게 한국 국적을 취득할 수 있는 기회가
확대되었다.

〈국적법〉제2조 제1항 제1호를 구체적으로 살펴보면, 첫째 출생에
의한 국적 취득의 경우 부모 중 어느 한 사람이라도 한국 국민이면
그 자녀가 한국 국적을 취득할 수 있었다. 또한, 한국 국민과 결혼한
외국인의 국적 취득에 있어서도, 구 〈국적법〉에서는 한국 국민과 결
혼한 외국인 여성은 결혼과 동시에 자동적으로 한국 국적을 취득한
반면, 한국 국민과 결혼한 외국인 남성은 국내에 3년 이상 거주한
사람에 한하여 법무부 장관의 귀화 허가를 받아 대한민국 국적을 취
득한 상황이었다. 그러나 개정된 〈국적법〉에서 한국 국민과 결혼한
외국인 남녀 공히 혼인한 상태에서 2년 이상 계속하여 거주한 후에
법무부 장관의 귀화 허가를 받아 한국 국적을 취득하도록 하였다.

그리고 한국 국민을 어머니로 하여 출생한 자의 국적 취득에 대한
특례 조항이 신설되었는데, 개정법이 시행되기 이전 10년 내에 한국
인 어머니와 외국인 아버지 사이에서 태어난 자녀는 법 시행일로부
터 3년 내에 법무부 장관에게 신고하면 한국 국적을 취득할 수 있게
되었다.[18] 따라서 이런 개정법의 발효로 한국 화교 남성들이 한국인
여성과 결혼하는 경우 한국 화교 자녀의 한국 국적 취득에는 더 이
상 장애 요소가 존재하지 않게 되었다. 한편, 귀화하는 자는 현역복
무의무가 면제되고 제2국민역에 포함되기 때문에 귀화에 따른 병역
문제의 부담 또한 없게 되었다. 2002년 4월 18일 김대중 대통령이
대통령령 제17579호 〈출입국관리법 시행령 수정령〉을 발표하며 한

국에서 장기 거주하는 외국인의 거류에 관한 법규를 대폭 수정, 개선한다.

그중 화교와 관련된 부분을 정리해 보면 아래와 같다.[19]

1. F-2 장기거류자격을 가진 외국인이 한국에 만 5년 이상 거주한 자 및 해당자의 20세 미만의 자녀, 그리고 합법적으로 신청하여 허가를 받은 자는 F-5 영주권을 부여한다.
2. F-5 영주권소유자에 13단위의 숫자를 외국인등록증번호로서 부여하고, 전의 등록증 및 번호는 실효된다.
3. F-1 및 F-2의 거류자격의 취득조건도 대폭 완화된다.
   (예: 국외에서 친인척방문사증 또는 친인척의존생활사증으로 입국한 자는 F-1을 취득할 수 있으며, 한국 국민 또는 F-5영주권자인 외국인의 배우자 및 난민으로 인정된 자, 그리고 기타거류자격으로 한국에 만 7년 이상 거주하며 주거지가 확실한 자는 규정에 따라 F-2 거류자격을 취득할 수 있다.)

위 법령에 의거 한국법무부는 2002년 4월 27일 법무부 제517호 공고로 다시 〈출입국관리실행규칙 부분 수정령〉을 공고했고, 이 중에 한국 화교와 관련된 부분은 다음과 같다.

1. 거류기한: F-5는 영주권, F-2는 1차 3년이다.
2. F-5의 신청비용: 체류 자격변경은 6만원이다.
3. F-1 및 F-2의 체류기한 만료 후 추가로 30일간 체류할 수 있다.
   (전에는 5일) 30일 이상 초과하려면 사전에 법무부장관의 허가를 받아야 한다.
4. F-2 소지자가 F-5자격을 취득하기 전에는 F-2의 거류기한 그대로이다.
5. 위 내용은 공포한 2002년 4월 27일부터 실시한다.

화교 역시 장기 거주 외국인으로 분류되기에 이 제도를 도입한 후 많은 화교들이 준 시민권에 준하는 영주권을 취득하여 체류 기간 연장 없이 한국에 체류하고 있다. 이렇게 볼 때, 화교의 귀화에 대한 법적·제도적 장애는 과거에 비해 상당히 완화되었다고 볼 수 있다.

## 3) 화교 교육에 대한 처우 개선

김대중 정부 시기인 1999년 〈출입국관리법〉이 개정되면서 '외국인 단체 등록제도'가 폐지되면서 대한민국 〈초중등교육법〉을 참조해 〈각종 학교에 관한 규칙〉 제12조 외국인 교육 제도 규정에 의거해 화교 학교는 이전의 '외국인 단체'에서 '각종 학교'로서 인정을 받게 되었다.[20] 1999년의 제도 개선 이후, 한국 정부로부터 '각종 학교'로 인가를 받게 됨으로써 화교 학교는 〈초중등교육법〉상의 학교의 지위를 갖게 되어 교육부장관과 교육감의 교육, 감독을 받게 되었으며, 양도세, 부가가치세, 재산세 등의 조세 감면 혜택을 받고 한국 학생 모집을 통하여 재정 형편을 개선할 수 있는 기회를 부여받게 되었다.

화교 학교가 처음으로 한국 교육법에 의해 '각종 학교'로 등록이 되지만, 그럼에도 화교 학교는 아직 한국의 대학 등 상급학교 진학의 요건이 되는 초중등 학력 인정을 받지 못하고 있으며, 이로 인하여 화교 학교를 졸업하고 한국 대학에 진학하려면 반드시 별도로 검정고시를 치러야 한다. 이러한 경우에 〈재외국민 및 외국인 특별전형 모집요강〉을 통하여 보다 용이하게 입학 허가를 획득할 수 있는 기회를 제공하고 있지만 외국인 학생에 대한 자격 요건은 부모가 모두 외국인이거나 외국에서 2년 이상의 고등학교 교육과정을 이수한 학생으로 되어 있어서, 한국인과 결혼한 화교 가정의 경우에는 이러한 특별 전형의 혜택을 제공받을 수 없다. 물론 현재 화교의 자녀가 한국의 초·중·고등학교 취학을 원하는 경우 현행법상 특별한 제한이 없기 때문에 본인이 원할 경우 쉽게 취학할 수 있다. 다만 외국인에게는 의무교육이 적용되지 않기 때문에 취학 통지서가 발부되지 않고 수업료 등 교육에 필요한 그 어떠한 비용도 면제되지 않는다는 것이 문제다.[21]

## 4) 지방 참정권 부여

1999년 김대중 정부시절부터 한국에서 장기 거주하는 외국인들에게 지방 참정권 부여에 대해 논의를 시작하며 노무현 정권 시절인 2005년 8월의 〈공직선거법〉의 개정으로 한국의 장기 거주 영주권을 취득한 외국인들에게 지방 참정권을 부여하게 되었다. 이러한 참정권 부여는 사실 재외 한인의 거주국 법적 지위 향상을 위해 논의가 되었던 바, 특히 재일 한인들의 일본정부를 향한 참정권 부여 운동을 전개하면서 논의가 시작된다. 당시 한국 정부는 재일 한인의 참정권 부여 운동에 대해 지지하는 요구를 표하자 일본 정부는 한국 내 거주하는 화교 등 외국인들의 법적 지위 문제를 제기하면서 거절했었다. 재외 한인들의 법적·정치적 지위 향상을 위해 2005년 참여정부는 선거일을 기준으로 영주권을 얻은 뒤 3년이 경과한 만 19세 이상 외국인들에게만 투표권을 한정적으로 부여하였다. 2006년 5·31 지방선거에서 한국 역사상 처음으로 외국인들에 투표권이 부여되었으며, 당시 선거권을 확보한 영주 자격 외국인은 총 6,579명이었는

데, 이 중 6,511명이 중화민국 국적을 보유한 구 화교였다.[22)]

물론 과거의 다양한 차별·배제 정책들이 폐지되거나 완화되었다고 할 수 있으나, 아직도 사회적 복지혜택의 차원에서는 화교들은 여전히 차별·배제의 대상이다. 대표적인 예로 앞에서 들었던 국민연금 반환 일시금 지급 문제를 비롯하여 〈장애인 복지법〉, 〈노인복지법〉 등 실질적인 사회적인 복지 혜택에서는 전혀 복지 차원의 지원을 받지 못하고 있다.

현재 정부는 선천적 혹은 후천적 요인에 의한 지체, 시각, 청각, 언어 장애, 정신 장애 등으로 인하여 장기간에 걸쳐 일상생활 또는 사회생활에 상당한 제약을 받는 자에 한해 〈장애인 복지법〉 제29조에 의해 장애인 등록을 할 수 있고 장애인 등록증을 발급받아 사회복지 혜택을 받을 수 있게 하고 있다. 2000년부터 시행된 〈국민기초생활보장제도〉 역시 빈곤계층에 대해 근로 능력에 상관없이 최저생계비 이하에 속하는 저소득층의 기초생활을 국가가 보장해 주고 있다. 그뿐만 아니라 〈노인복지법〉 제26조에서 또한 65세 이상 노인은 지하철 무임승차권 이용할 수 있다고 명시되어 있다. 하지만 이러한 사회복지 혜택의 수혜 대상은 대한민국 국적의 국민에 국한되어 있기 때문에 구 화교를 비롯한 장기 거주 외국인들은 복지 차원의 지원을 필요로 하는 장애인의 경우라 하더라도 아무런 혜택을 받을 수 없다.[23)]

## 3 ▌화교 정책의 차별·배제 완화 요인

한국의 화교 정책은 그동안 철저하게 차별적 배제 정책으로 일관하여 왔다. 이는 한국 정부의 과거로부터 단일민족국가를 유지하기 위한 정치적 정책이었던 것이다. 하지만 새로운 시대 환경의 변화로 말미암아 이러한 배제 정책은 점차 완화되어 가고 있다. 화교에 대한 배제 정책이 완화된 요인을 살펴보면 다음과 같다.[24)]

첫째, 한국 사회의 본격적인 다문화성의 형성이다. 한국은 1988년 서울 올림픽을 기점으로 1989년 1월 1일부터 국민들의 해외여행을 전면 자유화하기 시작한다. 또한 1992년 김영삼 정부의 '세계화' 선언 이후 자본시장과 노동시장에 대한 개방이 시작되면서 다양한 외국인들의 유입으로 인해 새로운 차원의 다문화 사회를 형성하게 된다. '산업연수제'를 통한 이주노동력의 유입과 국제결혼을 통한 결혼 이주민들의 증가로 한국은 그간에 오랫동안 유지해 왔던 전통적인 단일 문화적인 사회에서 본격적으로 다문화 사회를 경험하게 된다.

그뿐만 아니라 1980년대 말부터 한국에는 민주화가 진행되고 시민 사회가 급속히 성장했다. 한국 내 체류하는 외국인의 숫자가 늘어나고 특히 이주노동자들의 문제가 시민사회 인권단체들에 의해 알려지면서 자연스럽게 많은 한국인들이 외국인들의 인권에 관심을 가지게 됐으며, 이러한 이유로 한국은 기존의 내국인에게만 누릴 수 있던 다양한 권리를 장기 거주 외국인들에게도 보장해 주기 시작했다. 대표적인 예가 바로 2002년의 영주권 제도 도입과 귀화 절차의 간소화이다. 이러한 혜택의 최대 수혜자는 바로 구 화교들이었다.

둘째, 1992년 한·중 수교를 들 수 있다. 냉전 질서가 해체된 이후,

신자유주의 등장에 따라 세계적인 자본의 이동과 통신혁명에 따른 국경을 넘나드는 대규모 인구 이동이 발생했다. 과거로부터 지리적으로 인접하고 역사적, 문화적으로 긴밀한 관계를 유지했던 한·중 양국은 제2차 세계대전 이후 냉전 체제하에서 이념적인 대립, 사회체제의 이질성, 한국전쟁, 폐쇄적인 북한 정권의 영향 등으로 적대적관계를 유지하게 되었다. 중화인민공화국이 건국된 이래로 1990년대초까지 한·중 양국은 거의 교류가 없었다.

한국은 대신 국민당 정권의 중화민국과 우호적인 관계를 유지하게되면서 한국에 있는 중국인들 역시 중화민국 국적을 취득하게 되었다. 하지만 1992년 8월 한·중 양국은 수교 협정을 체결하였으며, 중국은 현재 한국의 최대 교역 대상국으로 급부상하는 등 양국의 경제적·물질적·문화적·인적 교류는 급격하게 증가하고 있는 실정이다. 한·중 양국의 교류가 급속하게 발전함에 따라 한국인들은 오랫동안외교관계가 단절되었던 중국에 대한 관심이 높아졌고, 중국에 대한한국인들의 관심과 인식도 점차 우호적인 관점으로 바뀌게 되었다. 이런 배경하에서 한국 구 화교들은 한국 땅에서 오랫동안 살아왔던중국인으로, 신 화교들과 더불어 중국과 한국의 중간자적 입장에서새로운 위치를 점할 수 있게 되었다.

셋째, 금융 위기로 인한 경제 복구 목적으로 외국인 투자 억제 조치의 완화를 들 수 있다. 과거 대한민국 정부 수립 이후 경제 정책은 민족자본의 성장을 지원하기 위해서 외국인의 투자를 최대한 제한하고 외국인의 한국 내 경제 활동을 규제하는 정책으로 일관하였다. 이러한 조치는 국내에 거주하고 있던 화교들에게도 예외는 아니었으며 다양한 경제적 차별·배제 정책의 최대 피해자로 각인되었다.

외환 위기 이후 한국 정부는 한국 경제의 대외 신인도信認度 회복과 경제 발전을 유도하기 위해서 외국인의 한국에 대한 투자 정책을 개선하였다. 이러한 정책으로 외국인에 대한 적대적 M&A의 전면 허용, 외국인 투자 업종의 확대, 외국인 주식 투자 한도 폐지, 외국인의 부동산 취득에 대한 규제 폐지 및 완화 정책 등을 들 수 있다. 특히 한국 정부는 당시 2조 2천억 달러 규모의 유동성 자산을 보유한 세계 화교 사회의 투자에 적극적인 관심을 보였는데, 이는 한국 화교들에게도 새로운 기회를 제공하였다. 이 시기 이후 한국에서의 생존 환경이 점차 개선되기 시작했으며, 한국의 화교들은 동남아 화교로부터의 투자를 유치하는 과정에서 중간자 역할을 하게 되었다. 이러한 과정에서 2005년 한국 정부의 전폭적인 지지를 받으며 한국 화교들은 '제8회 세계화상대회世界華商大會'를 서울에 유치하였다.

넷째, 한국 정부의 디아스포라 집단에 대한 인식 전환을 들 수 있다. 1990년대 소련과 동구권의 해체와 더불어 나타난 탈냉전과 세계화의 진전은 국민국가에 대한 근본적인 변화를 요구했으며, 이는 신자유주의의 등장, 세계적 규모의 자본의 이동, 통신 혁명에 의한 국민국가 개념의 변화로 발전하게 되었다. 이와 같은 세계 질서의 변화는 한편으로는 해외 거주 한민족의 네트워크화를 촉진시키면서 해외 한인에 대한 관심이 높아지고 해외 거주 한민족에 대한 거주 국가의 차별·배제에 대한 관심을 불러 일으켰다.

그중 가장 많은 주목을 받은 것이 바로 재일 한인이다. 단일민족 신화를 고집하는 일본사회에서 재일 한인은 항상 차별과 배제의 대상이었다. 이러한 재일 한인에 대한 차별적 처우에 대한 한국의 인권문제 제기에 있어 일본 정부가 한국에서 차별받던 화교 문제를 가지고 한국 정부의 항의를 거부했다. 이러한 상황에서 한국에 거주하는 외국인에 대한 차별에 대한 사회적 관심을 제고하는 계기가 되었고, 한국에서 화교들의 법적, 제도적 지위의 향상과 생존 환경의 개선에 대한 사회적 관심이 높아지게 되었다.

# 주

1) 장수현, 「한국 화교의 사회적 위상과 문화적 정체성」, 1~30쪽.

2) 대한매일, 「한국서 살아온 이방인들의 이야기」, 2003.3.16. 신문 참조.

3) 임채완·박동훈, 「한국 화교의 역할과 발전방향」, 12쪽.

4) 박은경, 『한국 화교의 종족성』, 1986, 28쪽.

5) 물론 이러한 규제들은 동남아 국가들이 독립 후 자국민의 발전과 안정을 위해 외국인을 규제하는 법령을 제정 실시한 것과 같은 맥락에서 이해할 수 있다.

6) 박은경, 「한국인과 비한국인: 단일 혈통의 신화가 남긴 차별의 논리」, 『당대비평』 19호, 2002, 278~279쪽.

7) 장수현, 「한국 화교의 사회적 위상과 문화적 정체성」, 1~30쪽.

8) 1968년 7월에 개정된 〈토지소유법〉 제5조 제2항에 따르면 "1세대 1주택에 한하여 자기 주거 用에 공하기 위한 660평방미터 이하의 토지에 관한 권리의 취득은 대통령이 정하는 바에 의하여 사전 신고만으로써 가능함"이라고 규제를 받게 된다. 1970년에는 "외국인 토지취득 및 관리에 관한 법"을 제정하여 외국인 한 가구 당 200평 이하의 주택 한 채와 50평 이하의 점포 한 채만 소유할 수 있다."라고 제정한다. 이러한 법규는 1993년에 가서야 비로소 폐지된다.

9) 출입국 외국인 정책 본부 통계 연보 중 체류 외국인 통계가 처음으로 공식 집계된 통계 연보는 1972년 통계연보로 한국 내 체류 중인 국적별 외국인 구성 현황이 상세하게 집계되어 있다. 1972년 한국에 체류 등록을 한 외국인 수는 3만 9,352명이고, 그중 중국(타이완) 국적자가 3만 3,112명으로 약 85%를 차지하여 그 당시 한국 내 체류 외국인의 대부분이 중국인이었음을 알 수 있다(출처: 출입국 외국인 정책본부 통계 자료실 1972년 통계연보 체류외국인 국적별 통계).

10) 1948년 제정되어 실행된 대한민국 〈국적법〉은 1962년, 1963년, 1976년 몇 차례 수정을 거치지만 〈국적법〉 제정 당시의 기본 골격에는 큰 변화가 없었다(제성호, 「한국국적법의 문제점 및 개선방안」, 『국제인권법』 제4호, 2001, 116쪽).

11) 2009년 법무부 〈국적법〉 시행규칙 일부 개정안은 이러한 일반 귀화신청 국적 취득 요건을 대폭 완화했다. 귀화 추천인도 당초 2명 이상에서 1명 이상으로 줄였으며 3급 이상 공무원에서 5급 이상 공무원의 추천서를 받도록 심사요건을 완화했다.

12) 석미령, 「韓國 華僑敎育에 關한 考察」, 고려대학교 대학원, 석사학위논문, 1995, 28쪽 참조.

13) 오심호, 「한국 화교 교육의 실태와 전망」, 서울 중국학센터, 화교네트워크와 차이나타운 심포지움 기조연설 발표문 참조, 1999.

14) 이윤희, 「동북아시대 인천거주 화교의 인권실태 및 정체성 담론」, 5~34쪽 참조.

15) 1992년 한국 정부가 중화민국과 외교관계를 단절하고 중화인민공화국 정부와 외교관

계를 수립하면서 대만은 중국을 대표하는 유일합법정부에서 일개 지역정부로 전락한다. 즉, 대만은 중국의 행정구역 중 하나로 중국이라는 국가 내 여타 자치지역의 하나로 자치정부의 성격을 갖게 되는 것이다. 이러한 자치정부는 타국과 외교적 관계를 맺거나 국가 간 조약 또는 협상 등을 체결할 수 있는 국제법적인 권리능력을 갖지 못한다(박상순,「재한중국인의 법적 지위에 관한 연구: 대만계 중국인을 중심으로」, 86~88쪽 참조).

16) 국민대학교 경제연구소,『한국 외환위기의 원인, 전개 및 대응 ; 1997-1998』, 서울: 비봉출판사, 1999, 110~111쪽.

17) 1997년 출입국관리법 개정안으로 체류 기한이 2년에서 3년으로, 1998년 6월부터는 5년으로 늘어났다. 또한 "한국 화교에 대한 특례 조치"를 두어 화교가 부득이한 사정으로 국적을 상실한 경우라 하더라도 한국에 직계 가족이 남아 있는 사람에 한하여 예외로 거주권을 회복시킬 수 있도록 했다.

18) 제성호,「한국국적법의 문제점 및 개선방안」, 116쪽.

19) 한성화교협회, http://www.craskhc.com/htm/sub0302.htm 화교관련 법령 부분 참조.

20) 교육과학기술부, 외국인학교 법제편제위원회 1999년 통계 자료 참조.

21) 이윤희,「동북아시대 인천거주 화교의 인권실태 및 정체성 담론」, 5~34쪽 참조.

22) 한성화교협회, http://www.craskhc.com/htm/sub0302.htm 참조.

23) 현재 화교장애인협회 왕애려 회장의 소개에 따르면 협회에 등록된 장애인 수는 약 100여 명으로 의료보험은 가입되어 있지만 장애인 지원법에서 배제되어 장애인 지원 수혜를 받을 수 없다. 또한 정신지체 등 특수교육이 필요한 아동, 청소년의 경우 특수학교 입학마저도 할 수 없다고 말했다(국내거주 장애외국인 차별 해소를 위한 토론회 2008.8.30., 왕애려,「화교 장애인 차별 사례」발표문 참조). 이에 2012년 1월 26일 보건복지부는 장애인 복지법 개정안을 공포해 외국 국적의 결혼 이민자나 거소 신고를 마친 F-4 체류 자격의 재외동포, 그리고 F-5 체류 자격 영주권자들에 한해 정부의 장애인 등록뿐만 아니라 복지관련 각종 지원을 받을 수 있다고 공포했다.

24) 곽영초,「한국의 화교 정책과 한국 화교의 사회적 적응에 대한 연구」, 48~54쪽.

# 2 차별과 배제 속
구 화교들의 현지화 적응

앞서 제2장에서 정리했던 디아스포라 집단의 현지화 적응에 대한 윤인진(2004)의 견해에 의하면 거주국과 거주국의 이주민 정책이 소수자인 이민 집단이 현지화 사회 적응에 큰 영향을 미치게 된다고 분석한다. 즉, 거주 정부의 이민 정책과 민족 정책은 이민자의 이주와 귀화의 조건을 결정하고 이주 이후의 정착과 적응 방식에 큰 영향을 미치게 된다. 자민족 중심주의 정책하에서는 이민자와 소수집단 간에 차별과 배제가 심해서 이들이 성공적으로 거주국에 적응하기는 어렵다. 그리고 동화를 강요하는 정부 정책하에서는 소수민족 집단이 전통문화 자신들의 민족 정체성을 유지하기 어렵다.[1]

한국 광복 직후 수립된 정부 이후에 형성된 배화 인식의 형성과 고착은 한국 내 화교들의 한국 사회의 적응에 부정적인 영향을 미쳐왔다. 1990년대 이후 對 화교 정책 기조가 배제排除에서 비배제非排除로의 전환은 있었으나, 여전히 한국 화교 집단은 사회적으로 적응 중이라는 평가를 받고 있다. 이것은 과거 한국 화교들이 청국상민의 자격으로 국내에 유입됐고, 더욱이 해방된 공간에서 무역업을 바탕으로 한 경제적 우위를 점유했던 사실을 감안할 때 더더욱 이해하기 어려운 부분이다. 이런 의미에서 구체적으로 화교 집단의 한국 사회로의 적응 과정을 살펴본다는 것은 향후 이주민 정책의 제정에 있어 중요한 시사점을 얻기 위한 필수과정이라고 할 수 있다.

## 1 ▌대한민국 정부 수립 ~ 1990년대까지

1945년 이전의 한국 화교들은 이른바 '관상 일치주의官商一致主義'라는 상병정책商兵政策[2]에 의해서 당시 청나라 정부의 비호를 받아가며 거의 제한 없는 경쟁력을 확보했었다. 중국이 한국보다 대국이라는 정치적 배경으로 인하여 당시의 한국인들은 많은 차별에도 불구하고 이를 묵인했었다.[3] 이러한 양국 간의 불공정한 거래는 필연적으로 화교들로 하여금 한국 상인과의 무역 과정에서 강압적이고 폭력적인 태도를 견지하는 경우를 낳게 되었고, 이것은 자연스럽게 화교들에 대한 부정적인 이미지를 초래하였다.

그뿐만 아니라 전술한 바와 같이 이주 초기 한국 화교들은 산둥지역을 중심으로 한국 노동시장에 진출하였는데, 한국인에 비해서 임금이 저렴하고 작업능률이 뛰어나 결국 한국 노동시장을 위협하게 되었다. 이런 역사적 배경의 이면에는 일본의 교묘한 노동 정책이 깊숙이 간여되어 있다. 당시의 한국인 노동자들은 질적 수준이 매우 낮았고, 이에 비해 일본인 노동자들은 지나치게 높은 임금을 수령하였다. 이 양 극단에서 상대적으로 노동의 효율성과 임금 수준이 적당한 화교들이 노동시장을 장악한 것은 어찌 보면 당연한 귀결이었다. 이런 정황들을 종합해 보면 당시의 화교 집단은 일제강점기라는 정치적 상황과 그들이 가진 고유의 장점들을 결합시켜 한국의 무역업뿐만 아니라 노동시장도 주도할 수 있었을 것이라는 결론을 도출해 낼 수 있다.

단지, 당시 상황은 일본 총독부가 의도한 바대로 양 국민 사이 갈등의 골은 깊어졌고, 1931년에 발생된 만보산배화사건을 통해 그 골은 더욱 깊어졌다. 진위眞僞에 상관없이 이 사건으로 인하여 한국인들이 중국인들에 의해 큰 피해를 당했다는 소문이 국내로 흘러들었고, 한국 내의 화교들은 한국인들에 의해 집단 따돌림을 당하게 되었다. 이렇듯 한국에서 화교에 대한 배제정책과 비판적 태도가 생기게 된 것은 이런 일제강점기 화교의 정착 과정에서 비롯된 갈등이 자리 잡고 있음을 부인하기 어렵다.

1948년 8월 15일 이승만 대통령이 대한민국의 정부 수립을 국내외에 선포함으로써 제1공화국 시대가 출범하였다. 정부 수립 당시 외국인의 출입국 및 등록업무는 외무부 의전과에서 관장하였으며 한국 정부는 철저한 '외국인 출입규제 정책'을 실시한다. 때문에 이때부터 중국인의 한국 이주는 철저히 중단되었고, 중국도 역시 1949년 공산당 정부 수립 이후 이주 억제를 위해 외국으로의 이동을 금지시키면서 화교 사회는 순수 인구의 자연 증가에 의존해 커 갈 수 밖에 없었다. 또한 이데올로기의 대립으로 화교들은 일 년에 한 번쯤 다녀올 수 있던 고향 방문조차도 할 수 없게 되었다. 현재까지 영향을 미치고 있는 한국 내의 화교 정책은 결국 한국 정부 수립 이후 형성된 강력한 민족주의와 반공주의라는 정치적 이데올로기의 직접적인 영향을 받은 것으로 분석된다.

대체적으로 전자는 한국전쟁 직후에, 후자는 중국에 들어선 공산 정권 수립이 결정적인 요인으로 작용한 것으로 판단된다. 이로 인해 공산국가를 모국으로 두게 된 대륙 출신의 한국 화교들은 생존을 위해 대부분 타이완 국적을 가졌지만 그럼에도 당시의 한국 사회로부터 차별적 배제를 당하였으며, 정책적으로도 약자의 위치에 놓였다. 한편 한국 화교들의 경제력 약화 역시, 부정적 對 화교 정책을 심화시킨 한 요인으로 꼽힌다. 1950년 한국전쟁 이후, 화교 무역상들의 주요 활동이었던 중국과의 교역도 더 이상 이어질 수 없어 경제적으로도 큰 타격을 받게 되었다.

냉전체제가 구축된 한반도의 남쪽에 산다는 것은 자기 고향이 있는 대륙과의 모든 연결을 끊는 대신 자유 민주 진영에 속한 타이완 국적을 취득하고 국민당 정권에 충성을 맹세하는 것을 의미했다. 이들은 일순간에 고향 땅의 가족, 친척과 서로 적대적인 관계 속에 들어서게 되었다. 이것은 이들을 "혈통은 중국 대륙계이나, 교육은 타이완식으로 받았고, 주된 생활터전은 한국이나 타이완"이 될 수밖에 없는 사람들로 만들었고 결국 중국, 타이완, 한국 그 어느 곳에도 확실하게 속하지 못한 독특한 한국 화교만의 삶을 살게 하였다. 이 기간 동안의 對 화교 차별·배제 정책은 날로 강화되었다. 더 이상 과거와 같은 다양한 무역거래를 통한 부의 축적을 시도할 수 없게 된 화교들은 요식업, 즉 중국 음식점으로 사업을 전환하게 되었는데, 결과적으로 이러한 시도가 오늘날까지도 화교들에 대해 이미지를 갖게 하는 요인이 되었다.

다양한 차별과 배제 정책들을 통해 당시의 화교 집단이 한국 사회에 적응하는 데에 겪었을 어려움을 미루어 짐작할 수 있다. 이런 어려움을 타개하기 위하여 한국 화교들은 나름대로의 생존 수단을 강구하였는데 이른바 지금까지도 화교하면 떠오르는 이미지인 '중국 음식점'의 특화를 시도하였다. 제한된 경제활동으로서는 최선의 선택조차도 화교들의 이미지를 부정적으로 고착시키는 부작용으로 되돌아왔다.

경제적인 배제와 각종 제한 정책은 화교들로 하여금 제3국으로 재이주를 시도하게 하였고, 한국 내의 화교 집단의 수적, 질적 하락을 불러오게 되었다. 이러한 한국 정부의 對 화교 차별·배제 정책과 한국 사회의 차별적 분위기는 자연스레 한국 화교들로 하여금 스스로를 사회의 주변부로 고립시키는 사회적 역반응을 초래한 것으로 보인다. 즉, 당시 한국 화교들이 지녔던 강한 민족 정체성은 스스로의 자부심의 결과물이기 보다는 현지 사회적 적응 과정에서 파생된 생존 수단이고 자존심이었던 셈이다.


## 2 ▌ 1990년대 냉전 해체 이후

한국전쟁 이후, 한국 정부가 펼쳤던 정책의 핵심은 화교들을 이 땅에서 분리시키는 것이었다고 요약할 수 있다. 이것은 해방 공간에서 한국인들이 화교 집단에 가졌었던 열등의식의 표출이었고, 오랜 기간 동안 세계 주류 화교 사회와 분리되어 있었던 후유증이었을 것이라는 사회학적 측면으로서의 분석을 의미한다. 이런 와중에 1990년 대에 들어 한국 사회는 극적인 반전을 이루게 된다. 바로 IT 기술과 인터넷의 급속한 보급으로 인한 이른바 '지구촌 시대', 즉 글로벌리즘의 물결이 대중문화는 물론 정치, 경제, 교육 등 거의 모든 분야에 영향을 미치게 된 것이다. 국가 간 경계의 개념을 희석하고, 국경을 넘어선 경제적 교류는 물론 문화 및 국가 간, 인종 간 인구 이동을 의미하는 이 세계화 개념은 구소련의 붕괴로 인한 동구권의 분리 독립이 그 단초가 되었다. 이 역사적인 사건을 시발점으로 하여 오늘날의 세계가 미국과 구소련이라는 초강대국에 의해 주도될 수 없음이 입증되었다. 지구촌이 개인과 지역은 물론 국가 간의 상호의존을 바탕으로 형성된다는 이 신 개념에 의해 한국 사회도 개방의 길로 들어서게 된 것이다.

이런 거대한 시대적 흐름 속에서, 한국의 화교 집단 역시 새로운 전환점을 모색할 수 있게 되었다. 이것은 더 이상 배타적인 타 민족 수용정책으로는 세계화의 흐름에 동참할 수 없음을 인식한 한국 정부의 유연한 정책 전환에서 비롯된다. 대표적인 전환점이 바로 한·중 수교였는데, 이 사건은 과거 양립할 수 없었던 냉전 이데올로기로 인하여 첨예하게 대치 상태에 있던 두 나라가 이제는 과거와 같은 친밀한 관계로 돌아설 수 있는 계기를 마련했음을 의미한다. 이후 한·중 간 무역 교역량은 엄청난 성장을 가져왔고, 한국어와 중국어를 동시에 유창하게 구사할 수 있는 한국 화교들의 역할은 급속히 확대되었다.

동시에 한국 정부는 세계적인 지구촌화의 물결에 동참해야 한다는 시대적 요청에 부응하고자 하였으나, 제대로 준비가 되어 있지 못했다. 1997년 기아자동차 사태로 촉발된 IMF 구제 금융 조치는 그 긍정적인 요소에도 불구하고 한국의 대외 신용도를 하락시켰다. 반면 외국인 투자자들은 바이 코리아에 대한 심리를 갖는 계기가 되었고, 그로 인한 외국 자본이 한국 시장에 흘러들기 시작하였다. 비록 외부의 힘을 빌리기는 했지만, 과거 수십 년간 한국의 군사정권 아래서 민족자본 형성이라는 미명 아래 국내 시장을 폐쇄적으로 운영해 왔던 폐단이 비로소 해소되는 순간이었다. 이런 한국의 금융 위기는 한국이 중국과의 수교로 인해 모국을 잃었던 민족이 되어 버린 화교 집단에게는 상당한 기회로 다가오게 되었다.

현재까지 한국에서 '한국 화교'로 불리는 집단은 구 화교들이다. 구 화교는 신분은 외국인이긴 하지만 130년이라는 세월동안 4, 5대째 한국인들과 함께 살아온 한국 사회의 일원이면서 내국인과 다름없이 세금이나 공과금 등 나라에 대한 의무를 지고 살아 왔다. 위에서 살펴본 일련의 조치를 통하여 현재 한국 사회 내에서 외국인에 대한 전향적인 법적·제도적 변화와 함께 차별과 배제의 정책이 점차 완화되고 철폐되면서 결국 차별·배제의 화교 정책 또한 사라졌다고 볼수 있다. 하지만 지금의 화교 정책은 소극적인 비차별 차원에 머무르고 있다고 평가되며 오랫동안 한국 사회의 차별과 배제를 경험해온 화교들을 포용하기 위한 적극적인 탈배제脫排除 정책으로는 발전하지 못하고 있다고 판단된다. 특히 영주권 획득이 체류기간 연장이라는 불편을 없앤 것 외에 한국 사회에서 실질적으로 거주하는 화교들에게 별다른 현실적인 혜택을 주지는 못하고 있음을 많은 화교들은 지적하고 있으며, 현재 한국 정부에서 정책적으로 진행하고 있는 다문화주의 담론 속에도 구 화교는 역시 정책 대상에서 배제되어 있다.

# 주

1) 윤인진, 『코리안 디아스포라-재외한인의 이주, 적응, 정체성』, 41~42쪽.

2) 朝鮮總督府, 「朝鮮に於ける支那人」, 42~43쪽에 따르면 중국 군함이 화상들의 수출 품목인 조선산 인삼의 반출에 동원되었고, 일반 상거래에서조차 조선 상인의 외상지급이 지연될 경우 청국영사관의 직인을 찍어 만든 서류로 가옥을 차압하며 이전 권리까지 행사했다.

3) 곽영초, 「한국의 화교 정책과 한국 화교의 사회적 적응에 대한 연구」, 22쪽 참조.

# 3 재한 중국인에 대한 정책적 포섭과 배제

## 1 ▌ 정책 배제 대상으로서의 구 화교

　외국인 노동자와 결혼 이민자, 재외동포들의 한국으로의 유입은 세계화에 따른 최근의 다문화 사회 현상으로 평가되는 반면, 한국 사회에서 130년 넘게 세대를 거치면서 존재해 왔던 구 화교는 한국 내 가장 오래된 다문화적 요인을 갖춘 '인종적 소수민족' 집단에 속한다. 그들은 1세대를 제외한 2세대부터는 한국에서 태어나 자랐으며, 3, 4세대를 거치면서 화교들은 이미 정서적으로 한국인이 되어 있다. 하지만 위에서 살펴보다시피 그들은 항상 정책적 배제 대상이었고, 한국 사회에서 문화적 소수집단으로서 인정과 승인을 받지 못했으며 고립된 채 자신의 정체성을 묵묵히 지켜가고 있다.

이를 잘 보여 주는 것이 구 화교의 인구수이다. 구 화교는 1970년 3만 4,599명을 정점으로 지속적으로 감소하였으며, 현재는 2만 명도 채 안 되는 것으로 알려져 있다. 구 화교들은 자신들의 수가 줄어든 이유를 '한국 사회의 차별과 배제'라고 말하고 있다. 앞서 봤던 대로 1945년 해방 이후, 화교들은 한국 정부로부터 끊임없는 정책적 차별과 배제를 받는다.[1] "차이나타운이 없는 유일한 나라"라는 표현으로도 충분히 화교에 대한 차별과 배제를 유추해 낼 수 있다.[2]

2002년 영주권 제도가 도입되기 전까지 구 화교는 출입국관리법의 관련 규정에 의해 정기적으로 외국인 거소 등록을 해야 했으며, 영주권 제도의 도입으로 단기 체류 목적의 외국인과는 구분되는 거주 자격(F-2) 비자를 부여받게 되었으나 이는 100년 넘게 한국 사회에서 태어나서 살아온 그들을 일반 장기 체류 외국인과 동일하게 대하는 법적·제도적 정책의 한계를 보여 주었다. 물론 2002년 영주권 제도 도입과 국적 취득 간소화로 '귀화'로써 한국 국적을 취득할 수 있었지만 지난 2003년 국가인권위원회가 국내에 거주하는 화교들의 인권실태를 분석한 조사 자료에 의하면 한국 화교들이 한국으로의 귀화를 거부하는 것으로 나타났다.

귀화 거부의 가장 중요한 이유로 '중국 사람이므로 반드시 중국(타이완) 국적을 지켜야 한다.'는 항목을 가장 많이 선택했으며, 그러한 선택으로 자신들의 '문화적 정체성'을 지키고 있음을 볼 수 있다.[3] 즉, 화교들은 실제로 한국 사회에 많이 동화되어 있는 경향을 보이기도 하지만, 그 가운데 자신의 '중국적 정체성'을 국적을 유지하는 것으로 지키려는 것이다. 현재까지 한국 정부는 그들에 대한 법적 지위인 '영주권'이라는 거주 자격만을 부여했을 뿐, 여타 한국에 체류 중인 외국인들과는 구분되는 그들의 '문화적 정체성'을 승인하고자 하는 '다문화'적 특성에 대해서는 전혀 고려하지 않고 있다.

한국 사회가 구 화교 집단에 대해 여전히 다문화적 접근을 거부하는 사례는 화교 학교 학력 불인정에서도 나타난다. 화교들이 화교 학교를 진학하는 이유는 자신의 언어와 문화를 배움으로써 자신의 '문화적 정체성'을 지키고자 함에 있다. 2011년 교육과학기술부의 통계에 따르면 한국 내 외국인 학교는 서울 17곳, 경기 7곳, 부산 5곳 등 전국적으로 45곳이며 그중 영미계 학교가 19곳으로 가장 많고, 화교 학교가 18곳으로 두 번째로 많다.[4] 이미 2006년에 국가인권위원회가 화교 교육권의 학력 불인정에 대한 한국 정부의 정책은 차별 행위에 해당한다고 판정을 내린 적 있지만 아직도 한국 정부는 화교 학교 학력을 인정해 주지 않고 있다.[5]

최근 다문화 사회를 지향하는 한국 정부가 "인종적·문화적 소수집단의 정체성 인정"을 지향하는 다문화 정책을 시행하고 있지만 구 화교는 한국 사회 안의 다문화적 요인들을 지닌 당사자임에도 불구하고 그들에 대한 '다문화'적 접근은 어디에서도 찾아볼 수 없고 다문화주의 담론에서는 배제되어 있다. 이러한 현상은 우연한 것이 아니라, 한국 사회가 지닌 '다름'에 대한 포용력 수준의 반영이며 '인종적·민족적·문화적 소수집단'에 대한 차별과 배타의 결과라는 점에서 생각해 볼 수 있다. 구 화교와 같은 소수민족·다문화 집단의 '문화적 정체성'에 대한 의문과 인정 작업도 없이 '다문화 사회', '다문화 정책'이란 말들이 넘쳐나고 있다는 것은 현재 한국의 다문화 정책의 한계를 여실히 보여 주는 대목이기도 하다.

## 2 ▌포섭과 배제 대상으로서의 신 화교

### 1) 결혼 이주자와 그 자녀에 대한 선택적 포섭

　한국의 외국인 정책은 2003년 8월 '고용허가제'를 핵심으로 하는 법안이 국회를 통과하고 1년 뒤부터 시행하게 되면서 비로소 본격적으로 정부 정책의 하나로 등장했다. 다만 노동력 결핍에 의한 이주 노동자들의 유입에 대해서는 '산업연수제'와 '고용허가제'라는 이주노동 정책으로 한정하고, 그들을 언젠가는 본국으로 귀환해야 할 존재로 인식했으며 법적, 제도적으로도 그들의 한국 사회로의 정착을 철저하게 차단했다. 하지만 2006년 대통령 주재 제1회 외국인 정책 회의가 개최되면서 사회의 공적인 차원에서 외국 이주민들의 한국 사회의 정착을 위한 사회 통합 정책을 논의되게 된다. 또한 외국인 정책위원회에서 〈외국인 정책 기본방향 및 추진체계〉를 공식적으로 의결 시행하게 되면서 2007년 〈재한외국인 처우 기본법〉이 제정되고 정부의 외국인 정책 이주노동 정책에서 이민 정책으로 변화되었다고 평가되고 있다.[6]

　현재 한국 정부의 다문화 정책들은 결혼 이민자 및 그 자녀들에 대해 제한적으로 사회 통합 정책 속에 적극적인 포섭 대상으로 받아들여진다. 특히 2008년, 사실상 한국 정부에서 '다문화'라는 이름으로 시행하는 유일한 정책으로 제정된 〈다문화 가족 지원법〉이 이를 잘 나타내고 있다. 이 정책 법규의 명칭만 보아도 한국이 '다문화' 문제를 '가족'이라는 범주에 제한적이고 한정적으로 인식하고 있음을 잘 보여 주고 있다. 때문에 한국의 다문화 정책의 1차적 포섭대상은 결혼 이민자와 그 자녀들로 제한되어 있다. 이러한 정책적인 포섭 대상으로서 신 화교의 일부를 차지하는 결혼 이민자들과 그 자녀들도 역시 1차적으로 정책의 포섭 대상에 적용된다.[7]

하지만 이러한 결혼 이민자 역시 다문화 정책의 최우선적인 정책 수혜 대상임에도 불구하고 한국의 '부계 혈통주의'에 의해 또 한 번 포섭과 배제가 이루어진다. 즉, 남성 결혼 이민자에 대한 정책적 배제를 보면 더욱 잘 알 수 있다. 한국 정부는 여성 결혼 이민자에 대해서는 공식적인 정책의 테두리에 적극적으로 포섭하는 반면, 남성 결혼 이민자에 대해서는 지극히 소극적인 입장을 견지한다. 대표적인 예로 보건복지부의 다문화 가족에 대한 대책의 하나로 마련된 정책은 '여성 결혼 이민자 가족 사회 통합 지원 대책(보건복지부, 2006)'으로, 명칭에서부터 명시적으로 남성 결혼 이민자를 예외적인 정책 대상에서 차별적으로 배제하고 있다. 제3장에서 정리했던 정부 부처별 다문화 정책 프로그램 내용 또한 주로 여성 결혼 이민자가 중심이 되고, 남성 결혼 이민자들에 대해서는 그 어떤 프로그램도 실질적인 지원이라고 할 만한 정책을 시행하고 있지는 않다. 물론 수적으로 한국 남성과 결혼한 여성 결혼 이민자가 지배적이지만, 국제결혼 중 한국 여성과 결혼한 남성 결혼 이민자 비중도 무시할 수 없는 숫자이다.[8]

## 2) 조선족 집단에 대한 포섭과 배제

조선족 집단은 중국 국적을 가졌다는 법적·사회적 지위 측면에서 '외국인'이지만, '한민족'의 혈통을 가진 '동포'라는 혈통에 따른 측면에서는 선택적 포섭과 차별적 배제의 대상으로 복합적인 의미로 등장한다. 현재 한국 내 체류 거소 등록 외국인 중 한국계 중국인은 59만 850명 정도로 상당수를 차지하며 국내 체류하는 외국인 집단 중 가장 큰 규모이다. 1988년 서울 올림픽과 1992년 한·중 수교 등 냉전 종식 후 국제 환경은 전쟁과 대립이라는 긴장에서 탈출하여 평화로운 세계화의 시기를 맞이하게 된다. 당시 한국 정부는 북방 정책을 적극 추진하면서 사회주의 국가에 있던 동포들을 재외동포로 받아들이게 되며, 중국의 조선족들도 한·중 수교를 계기로 친척방문, 국제결혼, 산업연수 등 다양한 체류 목적으로 한국에 입국한다. 그들은 동포이면서도 법적 제도 하에 외국인의 신분으로 체류 비자를 통해 현재이주노동자 또는 결혼 이주 여성으로 살아가고 있다.

1999년 9월 2일 〈재외동포의 출입국과 법적 지위에 관한 법률〉(이하 재외동포법)이 공포되기 이전까지 한국은 한국 국적을 갖고 있다가 국적을 이탈하여 외국에 귀화한 한민족에 대해 일반 외국인과 다른 대우를 보장하고 있지 않았다. 하지만 위의 법률이 채택되면서 재외동포들에게 모국의 국경 문턱을 낮추고 출입국과 체류 및 모국에서의 경제 활동 제약을 완화하는 등 일련의 재외동포 우대 조치를 취하게 된다. 정책 내용을 살펴보면 재외동포 자격으로 한국에 입국하여 2년간 장기 체류가 가능하며 취업도 부분적으로 가능하도록 제정하고 있다.

하지만 법적 정책 적용 대상에서 '재외동포'의 범위를 "대한민국 국적을 가진 해외 영주권자", "대한민국 국적을 가졌다가 외국 국적을 취득하면서 국적을 포기한 사람과 그 직계존비속"으로 제한함으로써 1948년 정부 수립 이전에 중국으로 이주하여 거주국 국적을 취득한 중국의 조선족들은 대한민국 국적을 취득한 적이 없다는 이유로 당시 산업연수자격 이주노동자로서 한국에 체류하던 조선족들은 〈재외동포법〉의 정책 대상에서 차별적으로 배제된다.

이후 이 법은 2001년 헌법재판소에서 헌법 불일치 판정을 받아 2004년 3월에 개정되지만, 법무부의 〈재외동포법〉 시행령은 여전히 '차별을 합법화하기 위해 불법체류 다발 국가의 동포들은 자유왕래를 제한'하는 조치를 취하면서 조선족으로 불리는 재중 동포는 재미 동포, 재일 동포에 비해 '재외동포' 자격으로서 주어지는 그 어떠한 혜택도 받지 못하게 되었다. 2007년 노무현 정권의 참여정부는 다문화 사회의 지향을 국가 슬로건으로 내세우며 국내 취업과 체류 활동 범위에서 상대적으로 차별·배제 되어온 중국 동포들에게 기존의 '특례고용허가제'의 불합리한 절차와 문제점들을 개선한 '방문취업제'를 실시하게 된다. 즉, 중국에 거주하는 만 25세 이상의 일정한 자격 요건을 갖춘 동포의 경우, 한국을 보다 자유롭게 출입국하고 취업 절차를 간소화하는 '방문취업제'를 시행하게 된 것이다. 이 제도는 그동안 재외동포 정책 수혜 혜택에서 차별적으로 배제되어 온 중국 조선족 동포들에게 최장 5년간 자유로운 출입국과 취업을 허용하는 제도이며, 특히 한국에 친인척이 없는 무연고 동포들도 재외동포의 범주 속에 선택적으로 포섭되도록 하였다. 2014년 12월 기준으로 현재 한국에 방문취업비자(H-2) 자격으로 체류 중인 한국계 중국인은 26만 9,225명이며, 향후 자격 취득의 간소화로 계속하여 증가할 것으로 보인다.

또한 2008년 〈재외동포법〉 개정으로 자격 요건에 해당되는 많은 조선족들이 재외동포 자격(F-4)을 취득하여[9] 한국 내 안정적인 체류를 비롯하여 취업, 부동산, 금융 등 경제 활동에 대해 내국인에 해당되는 준 내국인 처우를 받고 있다. 그 반면에 약 1만 9,196명의 조선족 인구가 미등록 노동자 즉, 불법체류자라는 낙인이 찍히는 아이러니한 현상도 초래된다. 이러한 현상들은 현재 지배적 담론으로서의 다문화관련 담론에서 조선족에 대한 논의 역시 배제되어 있다는 것과도 연관을 갖는다. 조선족은 그동안 오로지 '동포'담론으로서 논의가 되어 왔지만 현재 한국 사회의 가장 큰 '이주민 집단'으로서 '다문화 사회' 담론 속에서 배제되고 있다는 것은 제도적인 문제점을 드러낸다. 현재 사회적으로 조성된 조선족 집단의 슬럼화와 그것이 주는 부정적인 인식으로 조선족 자체의 발전뿐만 아니라 더 나아가서 한국 사회 통합에도 큰 걸림돌이 될 것이므로 조선족 문제에 대한 다문화주의적인 접근이 시급해 보인다.

# 주

1) 박경태, 『소수자와 한국 사회 이주자 화교·혼혈인』, 171~176쪽.

2) 현재 인천과 일산에 차이나타운이 조성되어 있지만, 이 사업은 정부와 지자체가 관광 활성화 차원에서 공공사업으로 추진하는 개발 계획에 불과하다. 2007년 서울시에서는 연남동 화교 집거 지역에 차이나타운 사업 구성을 발표하고 지구 단위 계획까지 수립했던 '중국문화특화타운' 사업이 지역 주민들의 반발로 아직까지 보류되고 있다.

3) 박경태·장수현, 「국내거주 화교 인권실태 조사: 2003년 인권상황 실태 조사 용역보고서」, 77쪽 참조.

4) 교육과학기술부, www.mest.go.kr 학교정보·교육통계 「외국인학교 개요 및 현황」 2010년 통계 자료.

5) 뉴스와이어, 「화교 학교 학력 불인정은 차별」, 국가인권위원회, 2006.9.13. 참조. 2011년 현재 외국인 학교 중 학력 인정을 받을 수 있는 학교는 청라달튼외국인학교 Chengna Dalton School가 유일하며, 사실 이 학교는 설립자가 한국인이고 현 교장 역시 한국인인 무늬만 '외국인 학교'이다. 화교 학교는 교육부가 정한 학력 인정 기준을 훨씬 상회함에도 불구하고 학력 인정을 받지 못하고 있다.

6) 오경석 외, 『한국에서의 다문화주의 : 현실과 쟁점』, 31쪽.

7) 국민의 배우자(결혼 이민자) 중 중국 국적 출신은 6만 4,173명(한국계 중국인 2만 9,184명)으로 전체 결혼 이민자 14만 4,681명 중 약 절반에 가까운 44.4%를 차지한다. 이 중 여성결혼 이민자는 5만 2,718명이고 남성 결혼 이민자는 1만 1,455명이다.

8) 통계청 2011년 국제결혼 통계연보를 살펴보면 2010년 한 해 한국 남성과 외국 여성의 결혼 건수는 2만 6,274건이고, 한국 여성과 외국 남성의 결혼 건수는 7,961건으로 전체 국제결혼 중 한국 남성+외국 여성 결혼 비율이 약 76.7%에 달했다.

9) 2014년 12월 기준 체류와 취업의 자유가 보장된 재외동포(F-4) 자격을 취득한 중국 국적 동포는 무려 21만 1,437명으로 집계되었다.

# 4 재한 중국인을 통해 본
# 한국 다문화 정책의 시사점

　대한민국 정부 수립 이후부터 1990년대 외국인 노동력이 한국에 유입되기 이전에도 한국 내에는 이주 역사가 100년이 넘는 유일한 소수민족 에스닉Ethnic 집단인 화교 공동체들이 존재해 왔었다. 현재 한국 체류 외국인 인구 비율 중 큰 수치는 아니지만, 구 화교는 뚜렷한 문화적 정체성을 유지하며 한국에서 유일한 소수민족으로 남아 있다고 할 수 있다. 그들은 19세기 후반에 한국으로 이주하여 한국 국민들과 함께 일제의 식민 지배를 겪어왔고, 남북분단의 한국전쟁을 거쳤으며, 근대화, 산업화뿐만 아니라 권위주의적 군사독재 경험까지도 함께 겪어 왔다. 이러한 130년이라는 기간 동안 세대를 거치면서 한국에서 태어나고 자랐지만, 정책의 차별적 배제로 그들은 줄곧 비시민권자의 삶을 살아왔다.

그들은 한국에 정주하여 살면서도 출입국관리법의 관련 규정에 따라 외국인등록을 해야 했으며, 2002년 영주권 제도 도입 전까지도 한국 내 체류 중인 일반 장기 체류 외국인과 동일한 '거주 자격(F-2)' 비자를 소지하고 있었다. 물론 1990년대 이후 기존의 많은 정책적 차별과 배제들이 폐지되고 완화되었다고는 하나 구 화교의 '문화적 정체성'을 인정하고자 하는 '다문화적' 특성에 대해서는 아직도 고려 대상에서 배제하고 있다. 결국 다문화 사회 지향을 목적으로 시행 중인 다문화 정책에서도 구 화교는 정책 대상에서 배제되어 있다. 결국 이것은 한국 정부가 '다문화적 시각'에서 소수 에스닉 집단의 문화적 정체성이나 고유성을 원천적으로 소외하고 있음을 보여 주고 있다.

신 화교의 경우, 한국으로의 유입이 1992년 한·중 수교 이후라고 볼 수 있다. 1990년대 한국의 이주노동자 정책과 재외동포 정책 시행 이후 친척방문, 산업연수, 국제결혼에서 최근의 방문취업, 투자이민까지 다양한 유입 목적과 체류 자격으로 각 단계별로 한국에 유입되어 정착하게 된다. 그들은 각각의 체류 자격으로 다문화 정책의 선택적 포섭과 차별적 배제의 선택을 받게 된다. 결혼 이주자와 그 자녀의 경우 한국 국민의 배우자로서 혈연관계가 있기에 다문화 정책이라는 이름하에 적극적인 사회 통합 정책을 펼치면서 정책 속의 적극적인 포섭 대상에 분류된다. 하지만 앞서 살펴보았던 다문화 정책들은 정책적 포섭 대상인 결혼 이민자와 그 자녀가 다양한 문화적 정체성을 갖고 있는 것을 인정하는 것이 아니라 한국 사회에 흡수되어 한국의 '문화적·민족적' 정체성을 갖기를 요구하고 있는 것이라

할 수 있다.[1] 그뿐만 아니라 결혼 이민자 중에서도 남성 결혼 이민자의 경우 정책적 포섭 속에서도 차별적으로 배제되어 있는 것으로 보아 현재 다문화 정책속에서 '가부장적', '부계혈통주의'에 의한 배제가 여전히 존재하는 것을 알 수 있다.[2]

물론 현재 〈다문화 가족 지원법〉을 비롯한 정부의 다문화 정책들은 과거의 국제결혼 가정과 혼혈인에 대한 정부 정책과 비교를 하면, 한국 정부가 '다문화 가족'이라는 공식적인 용어를 사용한 것 자체가 결혼 이주 여성을 더 이상 '생물학적 혈통에 기반을 둔 인종'이 아닌 '문화적 차이에 기반을 둔 에스니시티'를 통해 분류하고 대우하겠다고 선언한 것이라고 평가할 수 있다.[3] 즉, 다시 말해 한국이 정부 차원에서 '혈통'에 대한 순수성이나 인종적인 차이는 지양해야 할 것으로 보고, 문화적 차이는 존중되어야 할 것이라는 발상의 전환을 보여 준 것이라는데 의미가 있다(최종렬(2010), 258쪽).[4] 하지만 '혈통'의 섞임에 따른 인종과 민족의 구분은 처음부터 생물학적인 것이 아니라 지극히 사회적이라는 관점에서[5] 결혼 이주 여성과 그 자녀에 대한 적극적인 정책의 포섭 전략은 "국민 만들기"의 '동화적 포섭'이라고 밖에 평가될 수 없다.

또한 이러한 '결혼 이주민과 그 자녀'로 한정된 한국의 다문화 정책은 단순히 '수'적인 논리에 의해 이루어진 것도 아닌 것으로 보인다. 앞서 제3장에서 살펴보다시피 현재 한국의 체류 외국인 현황을 살펴보면 정주화定住化를 전제로 이주하는 결혼 이주자의 지속적인 증가세에도 불구하고 그 비중에 있어서는 아직 전체 외국인 이주자의 10%에도 못 미친다. 즉, 이주 인구의 대부분이 이주노동자로 구성되었다는 것이다. 이러한 양상은 신 화교의 인구 구성에서도 보인다. 현재 한국 내 등록 외국인 중 중국 국적(한국계 중국인 포함)자는 총 54만 8,885명으로, 그중 국민배우자 자격의 중국인 수는 약 6만 412명으로 약 11.0% 비율이며, 거의 대부분인 62.5% 이상이 취업비자 자격을 갖고 이주노동자라는 신분으로 한국에 체류하고 있다.[6] 하지만 이렇게 신 화교 비율 중 대다수를 차지하는 중국인 이주노동자는 '인구 현상적' 의미의 한국 다문화 사회 구성에서 가장 '수'적인 우위를 차지하고 있음에도 불구하고 다문화 정책의 주요 정책 대상자로 포섭되지 못하고 배제되어 있다. 다만 이들 중국인 이주노동자 중 가장 큰 비율을 차지하는 '방문취업제' 체류 자격의 조선족의 경우 '재외동포' 즉, '혈통적인 한민족'이라는 민족주의적 발상으로 같은 중국 국적의 한족 출신 이주노동자들 보다는 차별적인 대우를 받으며 배제 속에서도 선택적인 포섭의 대상으로 분류된다. 대표적인 예로, 과거 '산업연수제'와 '고용허가제'가 병행하는 이주노동 정책 속에서도 조선족들은 '특례 고용허가제'라는 정책의 특혜를 받아 왔다.

결과적으로 정리해 보면 한국의 외국인 관리 정책은 과거 통제 관리 중심의 정책 기조를 전개해왔으며 현재까지도 이러한 정책 기조를 유지하며 '관주도형 다문화 정책'[7]을 펼치고 있다. 재한 중국인에 대한 포섭과 배제를 통해 본 한국의 다문화주의는 본연의 '탈민족주의'라는 담론보다는 '혈연주의적' 또는 '민족주의적'의 담론이 더욱 강하며 '다양한 민족·문화의 평화적 공존'을 추구하는 다문화주의의 이념적 지향보다는 단순 '인구학적 현상'의 인식 정도에 머물러 있음을 볼 수 있었다. 즉, 과거 구 화교들에 대한 차별과 배제 정책 속에 지배되어 오던 '단일민족주의'가 다문화주의와 다문화 정책 도입으로 인해 다소 완화되었다고는 하나 극복되지 않고 여전히 구 화교와 같은 정주定住 소수민족 집단의 문화적 정체성과 민족적인 고유성을 원천적으로 소외시키고 배제하고 있음을 알 수 있었다. 이주노동자와 결혼 이주자라는 체류 신분으로 한국에서 살아가는 신 화교들 역시 '혈통'이라는 특성을 강조한 '혈연주의적' 또는 '민족주의적' 정서에 기반을 둔 다문화주의라는 이름하에 행해지는 한국의 다문화 정책 속에 선택적인 포섭과 차별적인 배제의 대상으로 뚜렷하게 분리됨을 알 수 있었다.

# 주

1) 앞서 제3장 다문화 정책 대상과 내용에서 살펴보았듯이 현재 정부 각 부처별 다문화 정책 프로그램은 주로 대부분 결혼 이민자, 그중에서도 결혼 이주 여성들에 대한 한국어와 한국 사회문화 교육이 대부분인 것으로 보아 전형적인 '동화주의적'인 사회 통합 모델에 불과한 것으로 보인다.

2) 1997년 〈국적법〉 개정 이전 한국인 남성과 결혼한 결혼 이주 여성의 경우 결혼과 동시에 국적취득과 주민등록증 발급이 자동적으로 이루어졌지만, 한국인 여성과 결혼한 남성 결혼 이주자의 경우 한국에서 노동권 자격뿐만 아니라 거주 자격 또한 제도적으로 제한되어 있었다.

3) 유승아, 「한국 다문화 정책의 민족주의적 배경에 관한 연구」, 서강대학교 대학원 석사학위 논문, 2012, 54쪽 참조.

4) 최종렬, 「비교 관점에서 본 한국의 다문화주의 정책」, 한국사회이론학회 Vol. 37, 2010, 258쪽.

5) 설동훈, 「혼혈인의 사회학 : 한국인의 위계적 민족성」, 『인문연구』 Vol.52, 영남대학교 인문과학연구, 2007, 126~128쪽.

6) 출입국 외국인 정책본부 통계 자료실 2014년 통계연보 참조.

7) 김희정, 「한국의 관주도형 다문화주의: 다문화주의 이론과 한국적 적용」.

# 제6장
# 요약 및 결론

최근 들어 한국은 저출산과 고령화 및 실질적인 노동력의 부족, 농촌 남녀 성비 불균형 등 일련의 사회적인 문제와 맞물려 다양한 출신국으로부터 다양한 경로의 인구 유입이 증가하고 있다. 이와 같은 사회적 현상은 단일민족의 한국 사회에 '다문화 사회'라는 새로운 사회적 화두를 던져주고 있으며, 전 지구적 구성의 재편 과정에서 초래된 피할 수 없는, 게다가 이미 일상이 되어 버린 현실이다. 물론 단일민족주의, 순혈주의적인 한국의 문화적 배경에서는 '다문화주의'의 실현이 쉽지는 않을 것이다. 하지만 이 시대에는 과거처럼 타민족에 대한 배타성이 민족의 생존을 위한 불가피한 수단으로 미화할 수 없게 되었으며 다름에 대한 수용과 다름과의 공생이라는 새로운 가치관이 요구되고 있다.[1]

세계화 시대를 살고 있는 한국은 이주 인구가 지속적으로 증가함에 따라 점차 더욱더 다양한 소수자 집단의 모습이 사회적 수면위로 부상하기 시작할 것이며, 그러한 다문화 소수자 집단과 함께 공생, 공존해야 할 사회적 환경을 개척해야 할 새로운 국면을 맞이하게 된 것이다. 그들을 어떻게 한국 사회의 구성원으로 통합할 것인지, 한국은 또한 어떤 다문화 사회로 나아갈 것인지 등 시사점과 방향성에 대한 논의를 비롯하여 '다문화주의'는 더욱더 시의적인 또한 간과할 수 없는 중요한 논제가 되었다. 이러한 시점에 다민족, 다문화 사회를 열어 갈 한국 사회가 해야 할 첫 번째 작업은 바로 다문화 집단에 대한 연구가 아닐 수 없다.

본 연구는 한국 화교가 현재 한국 사회에서 새롭게 주목받고 추진 중인 다문화 사회 등 다문화 담론과 연관된 많은 의문점과 시사점을 제공해 줄 수 있는 중층적인 대상 집단이라는 연구자의 개인적인 의미 부여로 논문을 시작하게 되었다. 또한 다민족·다문화 시대에 있어서 소수자 계층에 대한 한국 사회의 정책적 변화에 대한 고찰을 '타자'의 입장에서 진행하여 방향성과 시사점을 제시하는데 연구의 목적을 두고자 한다. 이러한 상황적 맥락 안에서 본 연구는 최종적으로 한국의 다문화주의 연구를 목적으로 한국의 다문화 사회 형성과 다문화 담론, 한국 사회의 다문화 정책 형성 및 관련 법규들을 순차적으로 검토하였다. 특히 다문화주의 지향을 목표로 대변되는 외국인을 대상으로 한 이민 정책, 그중에서도 화교 정책에 대한 탐색적 접근을 통해 다문화주의 시대 외국 이주민 소수자정책의 포섭과 배제를 검토했으며 한국의 다문화주의가 나아가야할 방향을 제시하고자 했다.

우선 제2장에서는 지구화 시대의 흐름으로 대규모의 인구 이동과 탈영토화, 초국가적 공동체 현상이 증가하고 있는 현상에 대해 '디아스포라'의 시각으로 분석하고 그러한 디아스포라 집단의 형성으로 민족 국가의 경계가 모호해지고 인종적, 종족적, 문화적 다양성의 증가가 끊임없이 이슈가 되어 사회적 문제로 등장한 것에 대해 '다문화' 또는 '다문화주의'라는 담론으로 해석하고 분석하였다. '디아스포라'와 '다문화주의'의 정의에 대한 정리를 시작으로 그 두 키워드와 관련된 이론들이 시대별로 어떠한 변천 과정을 겪어 왔으며 어떻게 유형적으로 분석되고 해석되어 왔는지에 대해 집중적으로 검토하고 본 논문의 이론적 배경과 분석의 틀로서 디아스포라와 다문화주의의 연관성을 집중 분석하고 제시했다.

　제3장에서는 디아스포라 집단에 대한 다문화 정책의 유형에 따라 한국 사회에서의 다문화 정책이 어떻게 구성되어 있는지를 살펴보았다. 한국에서의 다문화 사회 형성과 한국 정부가 인지하고 있는 '다문화 사회' 및 '다문화 정책'의 개념이 어떠한지를 정부의 정책 보고서 및 정책 관련 법규를 통해 밝혀내고 한국에서 진행되고 있는 다문화 정책의 목표와 내용을 대상 집단에 따라 정리했다. 정부가 지향하고 있는 다문화 사회의 문제들을 해결하기 위해 정부와 각 부처 기관들이 시행 중인 다문화 정책의 프로그램들에 대한 정책적 내용 분석도 진행했다.

　다음 본 연구의 중심이 되는 제4장과 제5장에서는 앞의 이론적인 배경과 분석틀을 바탕으로 전지구화와 초국가주의시대 배경하에 디아스포라 집단의 이주, 정착, 적응 과정에 초점을 맞추어 인구학적으로 한국의 다문화 사회 구성에서 가장 큰 비중을 차지하고 있는 재한 중국인들의 현황을 살펴보았다. 즉, 다문화 정책의 대상 집단으로서 구 화교와 신 화교를 연구 분석대상으로 선정했다. 또한 기존의 '재한 화교' 또는 '한국 화교'가 갖고 있는 개념의 제한성으로 새로운 개념인 '신 화교'라는 개념을 도입하여 사용했다. 1992년 한·중 수교를 기점으로 그 이전에 정착한 재한 중국인들은 '구 화교'로, 그 이후에 한국에 유입된 중국인들은 '신 화교'로 구분하여 인구학적 현황과 체류 유형을 분석했다. 구체적인 연구 분석대상인 재한 중국인 즉, '구 화교'와 '신 화교'에 대한 한국의 대 화교 정책을 중심으로 구체적인 시기별 정책 변천 과정을 살펴보고 과거 외국인 정책과 마찬가지로 현재 한국 정부가 추진하고 시행되고 있는 다문화 정책 속에도 여전히 차별적 포섭과 배제의 논리가 내재되어 있음을 볼 수 있었다.

결론적으로 본 연구는 다문화주의라는 이름으로 포괄되는 외국인에 대한 한국의 다문화 정책에 대한 분석을 통해 한국적 다문화주의에 대한 고찰을 진행했다. 재한 중국인이라는 정책 대상을 중심으로 현재 한국의 다문화 정책은 다문화 집단의 수적 분포에 따른 것이 아니며, 또한 '다양한 인종과 민족의 평등하고 평화적인 공존', '인정의 정치'를 추구하는 다문화주의의 논의가 전제되어 있는 것도 아닌 차별적인 포섭과 배제의 논리가 지배하고 있음을 결론적으로 도출했다. 또한 이상의 결과가 갖는 함의와 향후 연구 과제들을 함께 제시해 한국 사회의 '다문화주의' 관련 문제에 대한 성찰적이고 본격적인 논의의 필요성을 배가시켰다.

다문화주의는 '문화 다원주의'를 표방하는 정치적 이데올로기적 입장을 말할 뿐만 아니라 정부가 시행하는 정책, 사회 통합의 이데올로기를 지칭하기도 한다. 그러나 한국 사회에서 다문화주의는 이러

한 논의와는 별개로 대상을 결혼 이주 여성, 그중에서도 특히 동남
아시아 나라에서 온 여성이 한국 남성과 결혼한 경우와 그 가족 및
자녀에 대한 지원으로 한정해서 논의하고 있었다. 이렇게 협의적인
의미로 정리되어 시행 중인 한국의 다문화 정책이 선언적으로는 다
문화주의를 지향한다고 하지만 실질적으로는 선택적인 포섭과 차별
적인 배제라는 동화주의 모형 또는 차별배제 모형에 가깝다고 할 수
있다. 연구에서 나타난 몇 가지 문제점을 제기해 본다면 우선 현재
정부 정책적 또는 학술적 관심의 대상이 결혼 이주 여성과 그 다문
화 가족의 자녀에 편중되어 있는 경향을 보인다는 점이다. 구체적인
예로 2011년 정부의 외국인 정책 계획에 따르면 중앙행정기관에서
166개의 사업에 약 1,747억 원의 예산을 집행하였다. 구체적인 시행
계획에 나타난 정책 대상별 예산 계획을 보면, 우수인재 및 전문 인
력 확보 62억 원, 유학생 대상 사업 347억 원, 결혼 이민자 대상 사
업 418억 원, 다문화 가족 및 그 자녀 대상 사업 367억 원, 범죄피
해 이주 여성 및 외국인 여성 대상 사업 30.78억 원, 난민 대상 사
업 2.4억 원 등이 배정되어 있다.[2] 이와 같이 외국인 사회 통합 정
책 규모의 확대와 예산의 확충에도 불구하고 현재 한국 정부의 사회
통합 정책은 결혼 이민자 및 그 자녀에 대한 지원에 집중적으로 배
정되어 있는 상황이다.

　다시 말해 같은 이주민 집단 중 '수'적인 면에서 우세인 외국인 이
주노동자 집단과 오랜 이주 역사를 가지고 한국에 정착하여 여러 세
대를 거치면서 살아 온 구 화교와 같은 정착 소수이민자 집단에 대
한 관심은 여전히 부족한 실정이다. 이러한 상황은 한국에 체류하는
모든 외국인에 대한 정책적 배려의 우선순위도 물론 필요하지만 지

나치게 편중된 정책은 오히려 사회 통합을 저해할 수도 있다고 생각한다. 외국인 사회 통합 정책은 국민과 외국 인간의 차별을 극복하기 위한 중요한 사회적 도구이다. 이러한 중요한 다문화 사회 형성의 사회적 도구가 또 다른 차별과 갈등을 야기해서는 안 된다. 따라서 정부의 다문화 정책은 한국 사회의 발전에 필요한 구성원으로서 또는 중요한 인적 자원으로서 모든 외국인 집단에 대한 균형적인 배려와 적절한 정책 및 예산의 분배가 이루어져야 할 것이다.

또 한 가지 지적할 점은 국제 이주의 경로가 복잡해지고 유형이 다양해짐에 따라 이주 집단 간의 관련성이 커졌음에도 불구하고 여전히 개별적인 형태로 연구가 진행되고 있다는 점이다. 대표적인 예로, 재한 중국인 중 신 화교의 경우 한족 출신 중국인과 중국계 한국인 즉, 조선족 출신 중국인들이 모두 외국인의 신분으로 각각 체류 비자를 통해 이주노동자 또는 결혼 이민자 등으로 한국에서 살아가고 있다. 조선족 이주의 경우는 전 지구적인 차원에서 진행되고 있는 인구 이동의 일반적인 속성과 역이주한 한국계 후손들이라는 특수성을 동시에 지니고 있는 이중적이고 복합적인 집단이라고 볼 수 있다. 이들은 거주국 지향적인 국가 정체성과 중국과 한국이라는 이중적 문화구조가 병존하는 다중적 정체성을 형성하고 있다. 때문에 그들에 대한 연구는 '재외동포' 관점에서의 연구와 '다문화주의' 관점에서의 연구가 병행되어야 할 것이다.

본 연구는 폭발적으로 많아진 한국 사회의 다문화 담론 속에서 한국만의 독특한 다문화주의에 대한 해석을 외국인의 입장에서 연구했다는 점에 그 의의를 두고 있다. 사실 기존에도 이미 많은 한국인 연구자들이 한국의 다문화 정책에 대해 '차별과 배제모형', '동화주의 모형'이라고 분석하며 그 기반에는 여전히 '순수혈통주의'와 '민족주의'가 지배하고 있다는 성찰을 해 왔다. 하지만 이러한 연구들은 자아 반성으로서의 성찰에 그쳐있고 한국의 다문화 사회를 구성하는 인종·민족·문화적 정체성을 가진 구체적인 다문화 집단을 연구 대상으로 이끌어내지 못했다. 반면 본 연구는 한국의 다문화 사회 형성의 중층적인 집단인 화교 집단을 연구 분석 대상으로 구체화했음에 큰 의미를 둔다.

마지막으로 본 연구는 아래와 같은 몇 가지 제안으로 논문을 마무리 하고자 한다. 본 연구는 현재와 같은 '차별과 배제모형' 또는 '동화주의 모형'에서 '다문화주의 모형'으로 변화를 적극적으로 모색할 필요가 있음을 향후 한국의 다문화 정책의 방향이라고 생각한다. 또한 현재 한국 사회가 해야 하는 가장 시의적인 문제는 다문화, 다민족이라는 지구화 시대에 돌입하면서 소수자가 다수에게로의 동화되는 것이 아니라, 다수가 소수자 자체를 인정하고 이해해야 하는 인식의 변화에 대한 성찰이다. 소수자 집단에 대한 인정과 승인 작업이 끝난 후에야 비로소 다문화 집단에 대한 정책적 변화와 그 방향을 제시할 수 있다. 또한 과거로부터 현재에 이르기까지 한국 사회에 수용되고 적용된 다양한 문화적 층위를 밝히는 작업이 우선시 되어야만 현재 당면한 한국 사회의 다문화 현실을 직시하는 토대를 마련할 수 있을 것이다.

물론 이 연구는 한국의 다문화주의로서의 정책이 차별적 포섭과 배제에 머물러 있다는 것에 대한 평가를 위해 시도한 것이 아니며 또한 가치적 판단을 위한 비판이 목적도 아니다. 앞으로 한국에서 다문화 사회가 진전될수록 다문화적 상황은 지금보다도 더욱 복잡하고 다양해질 것이다. 이러한 다양한 다문화 집단들의 각각의 특성을 제대로 설명하고 해석하기 위해서는 다양한 문화에 대한 '승인'과 '인정' 작업의 필요성을 부각시키기 위한 것이다. 결혼 이주자 및 그 자녀뿐만 아니라 이주노동자, 유학생, 외국 국적의 재외동포, 새터민, 난민 등 보다 폭 넓은 대상들을 다문화 정책 대상으로 포섭하고, 그들 소수집단들의 고유한 문화와 정체성에 대한 '승인'과 '인정' 작업을 통해 진정한 사회구성원으로서 받아들여 그들과의 공생, 공존을 이루어야 한다.

이러한 다문화주의 연구에 대한 확장 가능성이 본 연구의 주요한 공헌임에도 불구하고 이 글의 한계이기도 하다. 본 연구는 한국의 다문화 사회를 구성하는 다문화 집단 구성원 중 하나의 사례인 재한 중국인이라는 집단에 대한 탐색적인 연구라는 한계점을 가진다. 향후 다문화 대상 집단들이 늘어남에 따라 각각의 집단에 대한 보다 세분화한 유형분석을 진행하여 심층적인 맞춤형 연구가 요구된다. 또한 선행 연구, 통계 자료 및 정책 내용 분석 등 기존의 문헌 연구에 대한 재분석을 진행하였기에 역동성이 부족하고 현장 실증적인 한계를 가진다. 이 부분은 앞으로 연구자의 후속 연구 과제로 계속 진행하려고 하며 관련 후속 연구와 토론들이 활발히 이루어지기를 기대한다. 이 글이 다문화주의 확장 연구에서 하나의 동기 부여 역할을 하였으면 하는 바람이다.

# 주

1) 박경태·장수현, 「국내거주 화교 인권실태 조사: 2003년 인권상황 실태 조사 용역보고서」, 2쪽.

2) 2011년 1월 14일 김황식 국무총리 주재로 제8회 외국인 정책위원회를 개최하여 「2011년 외국인 정책 시행계획」을 심의 확정.

## 참고문헌

### 한국문헌

강덕지, 「한국 화교의 경제에 대한 고찰」, 성균관대학교 석사학위논문, 1973.

강성원, 「저출산 극복을 위한 긴급 제언」, 『CEO Information』 752호, 삼성경제연구소, 2010.

강진아, 「중일 무역마찰의 전개와 한중관계의 변화: 근대 전환기 동아시아 3국의 한국 인식」, 동아시아학술원 기초학문육성 지원사업팀 학술회의, 2003.

강휘원, 「한국의 다문화 사회 형성과 지방정부」, 춘계공동학술대회 발표논문집, 한국행정학회, 2007.

고려문화사, 「화교는 남한에 어떻게 분포되고 있나?」, 『民聲』 3월호, 1950.

고승제, 「화교 對韓移民의 사회사적 분석」, 『백산학보』 제13호, 1972.

곽병곤, 「한중수교 이후 재한 화교 사회의 변화에 관한 연구」, 고려대학교 대학원 석사학위논문, 2002.

곽영초, 「한국의 화교 정책과 한국화교의 사회적 적응에 대한 연구」, 전남대학교 대학원 석사학위논문, 2007.

구견서, 「다문화주의의 이론적 체계」, 『현상과 인식』 7(3), 한국 인문사회과학회, 2003.

구효경·김신자, 「한국 화교의 실태」, 『綠友會報』 제5호, 1963.

국민대학교 경제연구소, 『한국 외환위기의 원인, 전개 및 대응:1997-1998』, 서울: 비봉출판사, 1999.

길선희, 「인도네시아 화교를 통한 인도네시아 선교 전략 연구」, 서울 신학대학교 신학대학원 석사학위논문, 2007.

김경국 외, 「한국의 화교 연구 배경 및 동향 분석」, 『중국인문과학』 26, 2003.

김남국, 「한국에서 다문화주의 논의의 전개와 수용」, 『경제와 사회』 제80호, 2008.

김민영, 「여성 결혼 이민자 지원에 관한 연구」, 원광대학교 행정대학원 석사학위논문, 2007.

김비환, 「포스트모던 시대에 있어 합리성; 다문화주의 그리고 정치」, 『사회과학』 35(1), 1996.

김성곤, 「다문화주의와 인문학 교육의 미래」, 『철학과 현실』 52, 2002.

김용찬, 「각국의 국내 민족 정책: 프랑스의 외국인 정책」, 『민족연구』 6, 한국민족연구원, 2001.

김이선 외, 『다민족·다문화 사회로의 이행을 위한 정책 패러다임 구축(I) : 한국 사회의 수용 현실과 정책 과제』, 한국여성정책연구원, 2007.

김지연, 「미국의 다문화주의와 정전(正典)논쟁」, 이화여자대학교 대학원 석사학위논문, 2003.

김진숙, 「다문화 사회의 박물관의 역할에 관한 연구」, 경희대학교 대학원 석사학위논문, 2008.

김현선, 「한국체류 조선족의 밀집거주 지역과 정주 의식: 서울시 구로·영등포구를 중심으로」, 『사회와 역사』 제87집, 한국 사회사학회, 2010.

김형인, 「미국의 다문화 정책과 교훈」, 『국회도서관보』 325호, 국회도서관, 2006.

김혜순 외, 『한국적 다문화주의의 이론화』, 동북아시대위원회, 2007.

_____, 「다인종·다민족화와 다문화 논란」, 한국 사회학회, 동북아시대위원회 용역 과제 07-7, 2007.

김희용, 「일제강점기 한국인의 화교배척」, 한국교원대학교 교육대학원 석사학위논
문, 2009.

노영순, 「말레이시아의 신경제정책과 화인자본」, 『중국근현대사연구』 제19집, 2005.

류제헌, 「인천시 화교사의 성쇠과정 :1884-1992」, 『문화역사지리』 18(1), 2006.

마르티니엘로 저, 윤진 역, 『현대 사회와 다문화주의』, 서울: 한울, 2002.

문미라, 「근현대 화교의 제주도 정착 과정과 사회적 위상」, 제주대학교 대학원 석사
학위논문, 2009.

박경태, 『소수자와 한국 사회 이주자·화교·혼혈인』, 서울: 후마니타스, 2008.

_____·장수현, 「국내거주 화교 인권실태 조사: 2003년 인권상황 실태 조사 용역보
고서」.

박미경, 「보육시설이용 다문화 가정 아동의 사회적 적응에 관한 연구」, 가야대학교
행정대학원 석사학위논문, 2010.

박사명 외, 『동남아시아의 화인사회』, 서울: 도서출판 전통과 현대, 2000.

박상규, 「다문화 가정의 조기정착을 위한 사회 통합 방안연구 : 태안군 사례를 중심
으로」, 한서대학교 대학원 석사학위논문, 2009.

박상순, 「재한중국인의 법적지위에 관한 연구: 대만계 중국인을 중심으로」, 인천대
학교 대학원 석사학위논문, 2001.

박은경, 「한국인과 비한국인: 단일 혈통의 신화가 남긴 차별의 논리」, 『당대비평』
19호, 2002.

_____, 「화교의 정착과 이동 :한국의 경우」, 이화여자대학교 대학원 박사학위논문,
1981.

_____, 『한국 화교의 종족성』, 한국연구원, 1986.

박이문, 『문화 다원주의』, 서울: 철학과 현실, 2002.

박진경, 「다문화사회 또는 지역 불균등; 한국 다문화정책의 특성과 발전방향-다문
화정책 모형이론을 중심으로-」, 『하계학술대회』 2호, 한국정책학회, 2010.

박현옥·박정동, 「한국화교(인천화교)의 경제활동 및 사회적지위에 관한 연구」, 인
천발전연구원, IDI연구보고서, 2003.

박희정,「다문화 교육 활성화 방안 연구 : 학교교육을 중심으로」, 세종대학교 공연
　　　예술대학원 석사학위논문, 2010.

사보혜,「만보산사건과 인천 화교배척사건 연구 : 재만 한인과 재한 화교의 관계사
　　　적 입장에서」, 인하대학교 교육대학원 석사학위논문, 2009.

서범석,「다문화 교육정책의 현황과 발전방향 탐색」, 한양대학교 대학원 박사학위
　　　논문, 2010.

석미령,「韓國 華僑敎育에 關한 考察」, 고려대학교 대학원 석사학위논문, 1995.

설동훈,「한국의 다문화 사회 실태」, 아시아 태평양 국제이해교육원 주최 〈다문화
　　　사회의 교육: 현황과 대안〉 포럼 발표문, 2006.

＿＿＿,「혼혈인의 사회학 : 한국인의 위계적 민족성」,『인문연구』Vol.52, 영남대
　　　학교 인문과학연구, 2007.

＿＿＿,『노동력의 국제이동』, 서울: 서울대학교 출판부, 2000.

＿＿＿,『외국인노동자와 한국 사회』, 서울: 서울대학교 출판부, 2004.

＿＿＿,『이주노동자와 인권』, 인권법교재발간위원회 편, 아카넷, 2006.

송　지,「중화경제권과 화교자본에 관한 연구 : 동남아시아 화상을 중심으로」, 강릉
　　　대학교 대학원 석사학위논문, 2006.

송승석,「'한국 화교' 연구의 현황과 미래 - 동아시아 구역 내 '한국 화교' 연구를
　　　중심으로」,『中國現代文學』第55號, 2010.

송종호,「단일민족 환상 깨고 다문화주의로의 전환시대」,『민족연구』, 2007.

송준수,「말레이시아 화인 디아스포라의 현지적응 실태 조사 연구 : 쿠알라룸푸르
　　　거주 화인디아스포라를 중심으로」, 전남대학교 일반대학원 석사학위논문, 2010.

안지현,「한국 사회에서 다문화주의 담론의 배치와 그 성격에 관한 연구」, 연세대학
　　　교 커뮤니케이션대학원 석사학위논문, 2007.

양　신,「화교기업의 네트워크 형성과 기업문화 연구」, 중앙대학교 대학원 석사학위
　　　논문, 2010.

양영자,「한국 다문화 교육의 개념 정립과 교육과정 개발 방향 탐색」, 이화여자대학
　　　교 대학원 박사학위논문, 2008.

양정하 외, 『사회복지정책론』, 양성원, 2008.

양필승, 「한국 화교의 어제, 오늘 및 내일」, 『국제인권법』 3, 2000.

_____·이정희, 『차이나타운 없는 나라: 한국 화교 경제의 어제와 오늘』, 서울: 삼성경제연구소, 2004.

영정 미유기, 「화교정체성 형성에 관한 연구 : 한국과 일본의 화교 사회 비교를 중심으로」, 서울대학교 국제대학원 석사학위논문, 2004.

오경석 외, 『한국에서의 다문화주의』, 서울: 한울아카데미, 2007.

_____, 「다문화와 민족 국가 : 상대화인가, 재동원인가」, 『공간과 사회』 제28집, 2007.

오심호, 「한국 화교 교육의 실태와 전망」, 서울 중국학센터 화교네트워크와 차이나타운 심포지움 발표문, 1999.

왕샤오핑·박정동, 『화인형 기업경영』, 서울: 삼성경제연구소, 2004

유난영, 「다문화 가정 청소년에 대한 사회적 거리감 연구 : 김포시 일반 청소년을 중심으로」, 상명대학교 정치경영대학원 석사학위논문, 2008.

유네스코 아시아·태평양 국제이해교육원, 『다문화 사회의 이해』, 서울: 동녘, 2010.

유승아, 「한국 다문화 정책의 민족주의적 배경에 관한 연구」, 서강대학교 대학원 석사학위 논문, 2012.

유의정 외, 「다문화 정책의 추진실태와 개선방향」, 국회입법조사처 연구보고서, 2009.

윤동화, 「다문화 가정 지원제도의 개선방안에 관한 연구」, 전남대학교 일반대학원 석사학위논문, 2009.

윤인진 외, 「인도네시아의 민족관계 :화교를 중심으로」, 『아세아연구』 45(2), 고려대학교 아세아문화연구소, 2002.

_____, 「국가주도 다문화주의와 시민주도 다문화주의」, 한국 사회학회. 『한국적 다문화주의 이론화(동북아시대위원회 용역과제 07-7)』, 2007.

_____, 「다문화 사회의 도전과 우리의 과제」, 『시대정신』 봄호, 2008.

_____, 「한국적 다문화주의의 전개와 특성: 국가와 시민사회의 관계를 중심으로」, 『한국 사회학』 42(2), 2008.

_____, 『코리안 디아스포라-재외한인의 이주, 적응, 정체성』, 서울: 고려대학교 출판부, 2004.

이광규, 『民族과 國家: 문화인류학 각록[III]』, 서울: 일조각, 1997.

이덕훈, 『화교 경제의 생성과 발전』, 대전: 한남대학교 출판부, 2005.

이선옥, 「한국에서의 이주노동운동과 다문화주의」, 『한국에서의 다문화 주의- 현실과 쟁점』, (사)국경 없는 마을 학술 토론회 자료집, 2007.

이성우 외, 「인종간 결혼의 결정요인과 결과에 관한 연구」, 『한국 사회학』 36(6), 2002.

이용승, 「호주 백호주의를 넘어서」, 『민족연구』 11호, 교양사회, 2004.

_____, 「호주의 다문화주의」, 고려대학교 대학원 석사학위논문, 2003.

이윤희, 「동북아시대 인천거주 화교의 인권실태 및 정체성」, 『담론 201』 6(2), 한국사회역사학회, 2003.

이재문, 「공생공영공의주의로 본 다문화 가정 기본법 제정을 위한 연구」, 선문대학교 신학전문대학원 석사학위논문, 2009.

이재유·허홍호, 「화교기업의 발전과 경영특성」, 『중소연구』 30(2), 한양대학교 아태지역연구센터, 2006.

이재정, 「한국의 화교 거주지 연구: 인천지역을 중심으로」, 경희대학교 교육대학원 석사학위논문, 1993.

이종우, 「한국 화교의 현지화에 관한 연구: 부산 거주 화교를 중심으로」, 동아대학교 동북아국제대학원 박사학위논문, 2008.

이진석, 「부산지역 화교의 사회연결망 변화와 사회자본화」, 동아대학교 대학원 박사학위논문, 2010.

이현송, 『미국 문화의 기초』, 파주 : 한울, 2006.

이현숙, 「대중화경제권 형성요인에 관한 연구 : 화교네트워크와 화인경영전략을 중심으로」, 연세대학교 대학원 석사학위논문, 2002.

이형석, 「중국 정부의 화교 정책에 관한 연구」, 전남대학교 대학원 석사학위논문, 2006.

이혜경, 「한국 이민 정책의 수렴현상: 확대와 포섭의 방향으로」, 『한국 사회학』

42(2), 2008.

인 닝, 「한국 화교의 정체성 연구 : 부산지역 화교 사회에 대한 설문조사를 중심으로」,
　　　부경대학교 대학원 석사학위논문, 2008.

임채완·박동훈, 「한국 화교의 역할과 발전 방향」, 『한국동북아논총』 11(4), 한국동
　　　북아학회, 2006.

_____·전형권, 『재외한인과 글로벌네트워크』, 서울: 한울아카데미, 2006.

임형백, 「한국의 다문화 사회의 특징과 사회 통합을 위한 다층적 접근」, 한국 사회
　　　학회 사회학대회 논문집 6, 2009.

장성하, 『코리안 디아스포라의 자기인식과 디아스포라 미션』, 서울: 선교
　　　와 신학, 2006.

장수현, 「한국 화교의 사회적 위상과 문화적 정체성」, 『국제인권법』 4, 2001.

장준희, 「다문화 가정 이주 여성의 한국 사회문화 적응에 관한 연구 : 경기도 하남시
　　　를 중심으로」, 명지대학교 사회복지대학원 석사학위논문, 2009.

전숙자 외, 『다문화 사회의 새로운 이해』, 서울: 도서출판 그린, 2009.

전우용, 「한국사의 특수신분 :한국근대의 화교문제」, 『韓國史學報』 15, 고려사학회,
　　　2003.

전지영, 「다문화 정책 선호에 미치는 영향요인 연구 : 서울시 지방정부 공무원을
　　　대상으로」, 이화여자대학교 대학원 석사학위논문, 2010.

전형권, 「모국의 신화, 노동력의 이동, 그리고 이탈: 조선족의 경험에 대한 디아스포
　　　라적 해석」, 『한국동북아농총』 11(1) 통권38집, 한국동북아학회, 2006.

정성호, 『화교』, 서울: 살림출판사, 2004.

제성호, 「한국국적법의 문제점 및 개선방안」, 『국제인권법』 제4호, 2001.

조상균 외, 「다문화 가족 지원법제의 현황과 과제」, 『민주주의와 인권』 8(1), 전남
　　　대학교 5.18연구소, 2006.

조석주·이상묵, 「지방자치단체의 결혼 이민자 지원정책 개선방안」, 한국지방행정
　　　연구원, 연구보고서, 2008.

조옥라 외, 「다문화 개방사회를 위한 사회정책 연구」, 대통령자문 빈부격차 차별시

정위원회 연구보고서, 2006.

조정남, 「현대국가와 다문화주의」, 『민족연구』 제30호, 2007.

_____, 『중국의 민족 문제』, 서울: 교양사, 1988.

조현상, 「결혼이주여성 노동력 활용 방안에 관한 연구」, 『학술논문집』 Vol.42, 원광
　　　　대학교 대학원, 2009

_____, 「한국 다문화주의의 특징과 정책방향에 관한 연구」, 원광대학교 일반대학
　　　　원 박사학위논문, 2010.

주효진, 「아시아의 다문화 정책에 대한 비교연구」, 한국행정학회 2008년추계학술대
　　　　회 발표논문집 제5권, 91쪽, 2008.

차용호, 「이민자 사회 통합을 위한 정책 방향」, 한국국제이주학회 다문화 사회의
　　　　사회 통합 정책 회의 발표논문, 2008.

최승현, 『화교의 역사 생존의 역사』, 인천: 화약고, 2007.

최종렬, 「비교 관점에서 본 한국의 다문화주의 정책」, 한국사회이론학회 Vol. 37,
　　　　2010.

최협 외, 『한국의 소수자 실태와 전망』, 서울: 한울아카데미, 2004.

한건수·한경구, 「다문화주의를 넘어서 문화다양성과 국제이해교육으로」, 『국제이
　　　　해교육연구』 Vol.6, No.1, 한국국제이해교육학회, 2011.

한국여성개발원, 「여성 결혼 이민자의 문화적 갈등 경험과 소통증진을 위한 정책
　　　　과제」, 한국여성개발원 연구보고서, 2006.

한승준, 「동화주의모델 위기론과 다문화주의 대안론: 프랑스의 선택을 중심으로」,
　　　　한국행정학회 학술대회 발표논문집, 2008년도 하계 학술대회 발표논문집(3),
　　　　2008.

행정자치부, 「희망 대한민국: 행정자치부 정책백서 2003-2007」, 행정자치부, 2008.

홍기원, 「다문화 사회의 정책과제와 방향: 문화정책의 역할과 과제」, 한국행정학회
　　　　2007년도 동계학술대회 발표집, 2007.

_____, 『다문화 정책의 방향과 문화적 지원방안 연구』, 한국문화관광정책연구원,
　　　　2006.

홍재현, 「화교 사회의 형성과 특성 연구」, 『중국인문과학』 제34집, 2006.

황정미 외, 「한국 사회의 다민족·다문화 지향성에 대한 조사연구」, 한국여성개발원, 경제인문사회연구회 협동연구보고서 07-19-02, 2007.

히라노 겐이치로 저, 장인성 외 역, 『국제문화론』, 서울: 풀빛, 2004.

「외국인 정책 기본방향 및 추진체계」, 제1회 외국인정책위원회, 2006.


## 외국문헌 ▎

崔承現, 『韓國華僑史研究』, 香港: 社會科學出版社有限公司, 2003.

陳碧笙, 『世界華僑華人簡史』, 廈門: 廈門大学出版社, 1991.

杨昭全·孫玉梅, 『朝鮮華僑史』, 北京: 中國華僑出版公司, 1991.

陸益龍, 『嵌入性適應模式-韓國華僑文化與生活方式的變遷』, 北京: 中國社會科學文獻出版社, 2006.

泰裕光, 『旅韩六十年见闻录--韩国华侨史话』, 中华民国 韩国研究学会, 1983.

廈門大學, 『華僑華人研究文獻索引』, 廈門: 廈門大學出版社, 1994.

徐斌, 『華僑華人研究中文目錄』, 廈門: 廈門大學出版社, 2003.

華僑史編纂委員會, 『華僑誌 -韓國』, 1958.

梁必承·李正熙, 『韓國,沒有中國城的國家: 21世紀型中國城的出現背景』, 北京: 淸華大學出版社, 2006.

朱育友, 「華僑名稱探源」, 『東南亞研究資料』 第4期, 1986.

緫谷智雄, 「在韓華僑の生活世界-在韓華僑エスニシテイの形成, 維持, 變化」, 『アシア研究』 第44卷 第2號, 1998.

王恩美, 『東アジア現代史のなかの韓国華僑—冷戦体制と'祖国'意識』, 三元社, 2008.

王赓武, 「海外华人研究的地位」, 『華僑華人歷史研究』, 1993.

王正延, 『朝鮮華僑概況』, 漢城出版社, 1930.

中國華僑大學, 『华侨华人研究报告(2011)』, 北京: 中國社會科學文獻出版社, 2011.

Abramson, H., "Assimilation and Pluralism", in S. Thernstrom (ed.), *Harvard Encyclopedia of American Ethic Groups*, Harvard University Press.

Ahlstrom, David, Michael C. Young Eunice S. Chan, and Garry D., Bruton. "Entrepreneurs and Traditional Business Practices in East Asia", *Asia Pacific Journal of Management* 21, 2004.

Berry, John., "Accumulation and Adaptation in a New Society", *International Migration* 30, 1992.

Castles, S. and Miller, M.J., *The Age of Migration: International Population Movements in the Modern World*, Basingstoke and New York: Palgrave-Macmillan and Guilford Books, 2003.

Choi, Inbom., "Korean Diaspora in the Making: Its Current Status and Impact on the Korean Economy", 2003.

Gordon, Milton M., "Assimilation in American Life", NY: Oxford University Press, 1964.

Justin Healey, "Multiculturalism in Australia", Issues in Society, vol. 214, 2005.

Kymlicka, W., *Multicultural Citizenship*, Clarendon: Oxford, 1995.

Kymlicka, W., "Politics in the Vernacular: Nationalism, Multiculturalism and Citizenship", Oxford New York: Oxford University Press, 2001.

Safran, William., "Diaspora and Beyond: There is No Home for Koreans in Japan", *Review of korean studies* 4(2), 1991.

Marger, M., *Race and Ethnic Relations: American and Global Perspectives*, Belmont, CA: Wadworth Publishing, 1994.

Martiniello, Marco., State and day-to-day management of Cultural Diversity. Colloquium Towards a Consturctive Pluralism.(UNESCO HQ, Paris, 28-30 January), 1999.

Marco Martiniello, Sortir Des Ghetos Culturels, 윤진 역, 『현대사회와 다문화주의』, 서울: 한울, 2002.

Park, Robert, E. and Burgess, E., "Introduction to the Science of Sociology", (1921, Reprint), University of Chicago, 1969.

Portes, A. and M. Zhou, "The New Second Generation: Segmented Assimilation and Its Variants," *Annals of the American Academy of Political and Social Sciences* 530, 1993.

Philp A. Kuhn, Chinese Overseas and Modern Chinese History, 『2006 제8회 석학연속강좌』, 아카넷, 2006.

Taylor, C., *Multiculturalism and 'The Politics of Recognition'*, Princeton, NJ: Princeton University Press, 1992.

Tölölian, "The Nation State and Its Others: In Lieu of Preface", *Diasporas* 1(1), 1991.

Troper, H., "Multiculturalism", in Paul Robert Magocsci(ed.), *Encyclopedia of Canada' People*, Toronto: University of Toronto Press, 1999.

UN DESA, Population Division, International Migration Database, 2009.

Vertovec, S., "Multiculturalism, culturalism and public incorporation", *Ethnic and Racial Studies* 19(1):, 1996.

Wang Gungwu, "The chinese overseas: From Earthbound china to the Quest for Autonomy", Cambridge: Harvard University Press, 2000.

## 인터넷 사이트 ▮

법무부 출입국외국인 정책본부 http://www.immigration.go.kr 통계연보, 1960-2014

사단법인 한국 중화총상회. http://www.kccci.or.kr

사단법인 중화민국 한국 화교협회 홈페이지 htttp://www.hanhua.org.tw

서울시청 http://www.seoul.go.kr 서울통계연보, 2010-2011

유네스코 한국위원회 홈페이지 http://www.unesco.or.kr

한국 한성화교협회 홈페이지 http://www.craskhc.com

통계청 http://kostat.go.kr 국내·국제통계 자료, 2006-2014

교육과학기술부 http://www.mest.go.kr 학교정보·교육통계, 2010

中國國務院僑務辦公室 http://www.gqb.gov.cn

中華民國僑務委員會 http://www.ocac.gov.tw

僑社新聞網 http://www.web.pts.org.tw

駐韓臺北代表部 http://www.taiwanembassy.org

駐臺韓華總會 http://www.korean.org.tw

韓華基金會 http://www.hanhwafoundation.org

美國齊魯韓華會館 http://www.santunghanhwa.com